Thomas Kruchem

Der große Landraub

Die Gier nach Ackerland geht um: 200 Millionen Hektar weltweit, so viel wie Westeuropa, sind Zielobjekt von Großinvestitionen – zumeist in armen Ländern. Angesichts von Nahrungsmittelpreiskrise und Agrosprit-Boom investieren vor allem reiche Regierungen, Agrarunternehmen und Investmentfonds. Willige Partner sind Eliten in undemokratisch regierten Entwicklungsländern; sie erhoffen sich Devisen und gute Geschäfte.

Fördern agrarische Großinvestitionen die Entwicklung armer Länder? – Der Autor dokumentiert – am Beispiel von fünf Ländern – ernüchternde Realität: Kleinbauernfamilien werden vertrieben, um ihr Land betrogen, mit Pestiziden vergiftet; die Ernährungssicherheit, kulturelle und religiöse Identität breiter Bevölkerungsschichten werden untergraben. Investoren verwandeln blühende Landschaften in agroinustrielle Wüste; sie roden Wald, plündern Wasserressourcen, vergiften Böden, Gewässer, Pflanzen, Tiere und Menschen – finanziert bis heute von internationalen Entwicklungsbanken.

Doch der Widerstand wächst. Immer mehr Kleinbauern wehren sich, unterstützt von der internationalen Zivilgesellschaft. Der Kampf für langfristig tragfähige Modelle von Landwirtschaft liegt auch in unserem ureigenen Interesse.

Thomas Kruchem

Der große Landraub

Bauern des Südens wehren sich gegen Agrarinvestoren

herausgegeben von MISEREOR
und »Brot für die Welt«

Brandes & Apsel

Auf Wunsch informieren wir regelmäßig über das Verlagsprogramm:
Brandes & Apsel Verlag, Scheidswaldstr. 22, 60385 Frankfurt am Main, Germany. E-Mail: info@brandes-apsel.de, Internet: www.brandes-apsel.de

Das Buch entstand in Zusammenarbeit mit

1. Auflage 2012

Lektorat: Cornelia Wilß, Frankfurt a. M.
Umschlag: Tim Kruchem, Braunschweig
DTP: Franziska Gumprecht, Brandes & Apsel Verlag Frankfurt a. M.
Druck: STEGA TISAK d.o.o., Printed in Croatia
Gedruckt auf säurefreiem, alterungsbeständigem und chlorfrei gebleichtem Papier.

Bibliografische Information der Deutschen Nationalbibliothek:
Die Deutsche Nationalbibliothek verzeichnet diese Publikation in der Deutschen Nationalbibliografie; detaillierte bibliografische Daten sind im Internet über www.d-nb.de abrufbar

ISBN 978-3-86099-890-8

Inhalt

Denn das Land soll euch
seine Früchte geben,
damit ihr genug zu essen habt
und sicher darin wohnt
3. Mose 25,19

Zum Geleit

Der fehlende Zugang der Armen zu Land und die ungesicherten Besitzverhältnisse in vielen Entwicklungsländern beschäftigen MISEREOR und »Brot für die Welt« seit Jahrzehnten.

Die Problematik, um die es in diesem Buch geht, ist daher nicht neu. Land war in den armen Ländern schon immer extrem ungleich verteilt, zum einen als Erbe ehemals feudaler oder kolonialer Eigentums- und Besitzverhältnisse, zum anderen als Folge der Ausweitung einer exportorientierten Landwirtschaft.

Neu – und für MISEREOR und »Brot für die Welt« besonders besorgniserregend – sind allerdings das heutige Ausmaß der »neuen Landnahme« und die starke Beteiligung ausländischer Investoren. Bis 2008 wurden nach Angaben der Weltbank im Durchschnitt vier Millionen Hektar Land jährlich durch Großinvestoren, zumeist große ausländische Unternehmen, erworben oder gepachtet. Seitdem haben sich die großen Landnahmen mit 45 Millionen Hektar pro Jahr mehr als verzehnfacht – Tendenz steigend. Das ist jedes Jahr eine Fläche so groß wie Deutschland und Österreich zusammen.

Große transnationale Konzerne, Finanzspekulanten, Regierungen reicher Staaten und nationale Eliten sichern sich riesige Flächen fruchtbaren Lands, um Nahrungsmittel für die eigene Bevölkerung, Futtermittel für Nutztiere oder Energiepflanzen für Agrotreibstoffe zu produzieren. In der Folge werden unzählige Kleinbauernfamilien vertrieben und verlieren ihre Existenzgrundlage.

Gemeinsam mit unseren Partnerorganisationen unterstützen wir betroffene Bevölkerungsgruppen, vor allem Kleinbauern und Indigene, in ihrem Kampf gegen den Verlust ihres Landes und für einen besseren Schutz ihrer Rechte durch den Staat. In Deutschland und auf internationaler Ebene setzen wir uns in unserer Lobbyarbeit für politische Rahmenbedingungen ein, die Großinvestitionen in Land nach menschenrechtlichen und ökologischen Kriterien regulieren und gegebenenfalls verhindern. Land muss zuerst die Menschen ernähren, die dort leben!

Bei uns ist immer noch viel zu wenig bekannt, was der Landraub, – »Land Grabbing« – bedeutet und dass er mit unserem Konsum und unserem Geld zu tun hat.

Thomas Kruchem hat in fünf Ländern recherchiert und dort Menschen besucht, die auf unterschiedliche Weise von Landraub betroffen sind. Er lässt sie zu Wort kommen. Sie haben ihm berichtet, was es bedeutet, das Land zu verlieren, welches die Familien seit Generationen ernährt hat. Er geht der Frage nach, wie man ihre Rechte wahren kann.

Die Erkenntnisse, die der Autor auf seinen Reisen gewonnen hat, widersprechen der oft zu hörenden Behauptung, dass großflächige Landnahmen und die Ausweitung einer industriellen Agrarwirtschaft einen wichtigen Beitrag zur Nahrungsmittelversorgung der Weltbevölkerung und zur Überwindung des Hungers leisten können. Vielmehr zeigt sich: Nur eine bäuerliche und nachhaltige Landwirtschaft, die verantwortlich mit den Ressourcen umgeht, kann die Weltbevölkerung auf Dauer ernähren.

Achen/Stuttgart, im Juni 2012

Dr. Bernd Bornhorst
Leiter der Abteilung
Entwicklungspolitik
MISEREOR

Dr. Klaus Seitz
Leiter der Abteilung
Politik und Kampagnen
»Brot für die Welt«

Einleitung

Unterschiedliche und doch einander ähnliche Bilder gehen mir durch den Kopf:

Im ugandischen Bezirk Mubende steht der von seinem Land vertriebene Peter Kajiira in einem Meer von Kaffeesträuchern, die ein deutscher Investor gepflanzt hat. »Sehen Sie den einzig verbliebenen Mangobaum dort?«, sagt Peter. »Den habe ich vor 20 Jahren für meine Kinder gepflanzt.«

Im philippinischen Dorf Del Pilar blickt der Bauer Diony Yadao auf bis zum Horizont reichendes Zuckerrohr für Agrosprit. »Ich habe Angst«, sagt Diony, »dass die japanisch-taiwanesische Firma auch meinen Reisacker okkupiert.«

Im argentinischen Chaco-Dorf Campo Nuevo schließlich deutet der Kleinbauer Julio Fernández über einen Zaun, der seinen Hof von einem endlosen Sojafeld trennt. »Jederzeit«, sagt Julio, »kann von dort hinten das Flugzeug auftauchen, das Pestizide versprüht.«

Bilder aus der Realität großflächiger Agrarinvestitionen. Für die einen fördern diese Wachstum und Entwicklung; für andere fördern sie Landraub, der Entwicklung blockiert. – Entwicklung ist, wenn es den Menschen besser geht, habe ich gedacht und einige der Menschen besucht, die von Agrarinvestitionen betroffen sind.

Eckdaten: Über 200 Millionen Hektar Land, vor allem in armen Ländern, sind in den letzten Jahren zum Zielobjekt landwirtschaftlicher Großinvestitionen avanciert – die Fläche Westeuropas. Land, auf dem und von dem Menschen leben; Land, das Menschen kulturelle und religiöse Identität stiftet, verwandelt sich in nie gekannt rasendem Tempo zur begehrten kommerziellen Ressource – aus mehreren Gründen:

– Spätestens seit der Nahrungsmittelpreiskrise von 2008 merken etliche reiche Länder, dass sie auf ihren eigenen Agrarflächen nicht genug Getreide für den eigenen Bedarf produzieren – Länder wie Japan, Südko-

rea, China und die Golfstaaten. Außerdem wächst in Mittelschichten weltweit der Fleischbedarf; und um ein Kilo Fleisch zu produzieren, sind bis zu zehn Kilo Getreide nötig.
- Immer mehr Menschen wollen auch Auto fahren und fliegen. Die Reserven an Erdöl schrumpfen; Regierungen verordnen ihren Bürgern deshalb Agrosprit aus Getreide und Raps, Zuckerrohr und Jatropha.
- Der Kampf gegen den Klimawandel schafft Raum für neue Geschäftsmodelle: Man legt Eukalyptus- oder Pinienplantagen an und verdient doppelt – am Holz und an Emissionszertifikaten für Klimagase.
- Die instabile Weltwirtschaft und die Verknappung von Ackerland machen solches Land zum interessanten Anlage- und Spekulationsobjekt.

Und so stehen nun Regierungen, Agrarunternehmen und Investmentfonds dort auf der Matte, wo es günstig gutes Land gibt: in einigen Regionen Europas, in Südamerika, vor allem aber in etlichen der ärmsten Länder Asiens und Afrikas.

Die Investoren agieren unterschiedlich: Mal kaufen oder pachten sie riesige Flächen direkt; mal beteiligen sie sich an Projekten einheimischer Investoren; mal sichern sie diesen die Abnahme ihrer Produkte zu. In jedem Fall aber kooperieren die Investoren eng mit den Mächtigen, den staatstragenden Eliten der Zielländer. Denn ohne die geht nichts.

Am einfachsten funktioniert diese Kooperation in armen Ländern ohne viele demokratische Institutionen, die mitreden wollen. In Äthiopien, zum Beispiel, hat Premier Meles Zenawi die Anwerbung von Agrarinvestoren zur Chefsache gemacht. Und er offeriert ihnen einen bunten Strauß von Investitionsanreizen: spottbillige Pachtpreise für bislang »ungenutztes« Land, Zoll- und Steuervergünstigungen, günstige Kredite der staatlichen Entwicklungsbank. Im Gegenzug erhofft sich die Staatselite Devisen und gute Geschäfte mit dem Investor. Und dieser weckt auch in der betroffenen Bevölkerung Hoffnungen: auf bessere Infrastruktur; auf gut bezahlte Arbeitsplätze, Schulen und Gesundheitsstationen; auf Zugang zu moderner Agrartechnologie.

Agrarinvestitionen können auch in armen und undemokratisch regierten Ländern Positives bewirken – lautete meine erste Einschätzung. Belege für positive Effekte habe ich auf meinen Reisen allerdings nur gefunden, soweit es Deviseneinahmen der Regierung und gute Geschäfte für staatstragende Eliten betrifft. Was die Auswirkungen auf die betroffene Bevölkerung angeht, wurde ich ernüchtert:

Nirgendwo war das gute Land, das Investoren natürlich wollen, ungenutzt; stets hatte die lokale Bevölkerung das Land längst selbst genutzt. Die Landrechte dieser Bevölkerung habe ich nirgendwo respektiert gesehen. Niemand fragte die Menschen, ob sie ihr Land hergeben wollen; niemand bot ihnen faire Entschädigung an. Stattdessen wurde den Menschen mit betrügerischen und von korrupten Richtern bestätigten Verträgen ihr Land abgeluchst; sie wurden von Soldaten und Pestizid-Flugzeugen vertrieben und so rabiat ihrer Existenzgrundlage beraubt.

Die versprochenen Jobs entpuppten sich derweil als karg entlohnte Fronarbeit für Wenige; versprochene Schulen und Gesundheitsstationen wurden selten gebaut; der Technologietransfer zwischen 10.000 Hektar großen Hightech-Plantagen und Kleinbauern erwies sich als unmöglich. Hinzu kommen ökologische Desaster: Investoren roden riesige Flächen wertvollen Waldes, um Platz zu schaffen für Monokulturen. Diese verbrauchen oft Unmengen an Wasser; Dünger und Pestizide vergiften Böden, Gewässer, Pflanzen, Tiere und Menschen.

Der Wildwuchs von Agrarinvestitionen in Wildwest-Manier wird bis heute finanziert auch von internationalen Entwicklungsbanken. Mittlerweile jedoch macht sich in Teilen der Weltöffentlichkeit Skepsis breit. Organisationen der internationalen Zivilgesellschaft wie GRAIN, Mitglieder der International Land Coalition, das kalifornische Oakland Institute, Oxfam und FIAN nehmen sich kritisch-analytisch des Themas an; desgleichen die christlichen Hilfswerke MISEREOR und »Brot für die Welt«.

All diese Organisationen üben Solidarität mit betroffenen Menschen vor Ort, die sich allein nicht stark genug wehren können. Die Grund- und Landrechte dieser Menschen seien unbedingt zu respektieren und zu schützen, lautet eine zentrale Forderung; sie müssen über ihr Land selbst entscheiden und bestimmen können, welche Flächen für Agrarinvestoren zur Verfügung gestellt werden; Verträge sind transparent und nach demokratischen Regeln abzuschließen; angemessene Entschädigungen sind zu leisten; wichtigster Maßstab für Agrarinvestitionen muss zuallererst die Ernährungssicherheit im betroffenen Land sein.

Der Druck zeitigt erste Erfolge: Politiker, auch in Deutschland, äußern sich zunehmend kritisch zu Agrarinvestitionen in armen Ländern; die »Prinzipien für verantwortliche Agrarinvestitionen« der Weltbank und, entschiedener, die Freiwilligen Leitlinien zu Landnutzungsrechten der Vereinten Nationen sollen das Verantwortungsbewusstsein bei Regierungen und Unternehmen fördern. Für die praktische Umsetzung der Leitlinien bleibt zivilgesellschaftlicher Druck notwendig.

Davon abgesehen sind auch wir persönlich angesprochen: Sollen wir dulden, dass an der Börse mit Ackerland und Nahrungsmitteln spekuliert wird? Sollen wir dulden, dass verantwortungslose Agrosprit-Vorschriften der EU (Beimischung von Bio-Ethanol zum Benzin etc.) Nahrung für die Ärmsten weiter verknappt und verteuert? Schließlich: Wie viel Fleisch sollten wir essen, wie viele Kilometer mit dem Auto fahren?

Dieses Buch erzählt, wie die betroffenen Menschen vor Ort Agrarinvestitionen erleben; es gibt ihnen eine Stimme. Meine Recherche zur sozialen Realität solcher Investitionen wäre nicht möglich gewesen ohne all diese Menschen (deren richtige Namen ich in einigen Fällen verschweige); ich danke ihnen von Herzen für ihr Vertrauen und ihre Gastfreundschaft. Mitarbeiter(innen) zahlreicher lokaler und internationaler Organisationen der Zivilgesellschaft sowie viele weitere Informant(inn)-en haben mir geholfen, mein Verständnis eines komplexen Themas zu vertiefen; auch ihnen danke ich, desgleichen etlichen Mitarbeiter(innen) von MISEREOR und »Brot für die Welt«. Verbliebene Fehler – ich bin Journalist, kein Experte – gehen allein auf meine Kappe. Meiner Familie und insbesondere meiner Frau Cäcilia danke ich einmal mehr für liebevolle Geduld und Hilfe.

Mauer, im Juni 2012
Thomas Kruchem

Uganda
Die Vertriebenen von Mubende

Den 57-jährigen Peter Kayiira erlebe ich als jung gebliebenes Energiebündel. Nüchtern erzählt der gerade 1,60 m große, frühpensionierte Lehrer von seiner Jugend, von seiner Arbeit als Leiter der Grundschule des Dorfes Kitemba; von den dunklen Wolken, die sich Ende der 90er Jahre über dem Dorf zusammen zogen.

Irgendwann beginnt Peter zu stocken; Tränen steigen ihm in die Augen. »Am Samstag, dem 18. August 2001, gegen zehn Uhr früh, wusch meine Frau gerade Kleider, und ich korrigierte Arbeiten. Da sah ich einen Lastwagen voller schwer bewaffneter Soldaten vorbeifahren; dann noch einen und noch einen. Minuten später kam eine Nachbarin in unser Haus gerannt. ›Die Soldaten prügeln uns aus unseren Häusern‹, schrie sie. ›Sie treiben unser Vieh davon, zünden die Häuser an. Und dich als unseren Rädelsführer wollen sie erschießen.‹«

Leeren Blicks starrt Peter in die endlosen Reihen tiefgrüner Kaffeesträucher um uns herum; seine Stimme wird leiser: »Ich zog schäbige Klamotten an, damit die Soldaten mich nicht gleich erkannten; ich steckte meine wichtigsten Dokumente in eine Aktentasche, nahm meine Frau bei der Hand, und wir rannten in den Wald.«

Als die Kayiiras sich Tage später zurück in ihr Dorf trauten, fanden sie nur noch verkohlte Überreste: »Mein Haus, der Schuppen, die Latrine – alles war zerstört. Unsere fünf Kühe, die Ziegen und Hühner hatten die Soldaten wohl mitgenommen.«

Ein frischer Wind ist aufgekommen, die Blätter der Kaffeesträucher rauschen, die brütende Hitze wird erträglicher. Hier, im Distrikt Mubende, zwei Stunden westlich der ugandischen Hauptstadt Kampala, liegt die modernste und mit über 2.500 Hektar größte Kaffeeplantage Ugan-

Abb. 1: Cashcrop-Plantage – Wo früher ugandische Bauern ihre Felder bebauten, pflanzt heute ein deutscher Investor Kaffee.

Abb. 2: Erntetransport – Manche Bauern in Mubende leben jetzt weit entfernt von ihren Feldern und Bananenstauden.

das. Betrieben wird sie von der Firma Kaweri Coffee Plantation Ltd., die der deutschen Neumann-Kaffee-Gruppe (NKG) gehört, einem weltweit führenden Versorger mit Rohkaffee.

Früher, erzählt mir Peter, lebten zwischen den sanft ansteigenden Hügeln hier rund 4.000 Menschen in vier Dörfern; sie pflanzten Maniok, Mais oder Süßkartoffeln. Diese Menschen wurden an jenem 18. August 2001 vertrieben; sie haben ihr Land verloren, ihre Heimat, ihre Lebensperspektive. »Doch wir wehren uns«, sagt Peter, für den der Kampf gegen den Landraub zum Lebensinhalt geworden ist.

Der Sturm der Kommerzialisierung

Gestern war ich in Kampala – beim Ugandischen Kirchenrat (UJCC), einem Partner von MISEREOR und »Brot für die Welt«. Im karg eingerichteten Besprechungszimmer des Rats hat mir der Leiter der Abteilung für Menschenrechte, Reverend Joseph Oneka, von Uganda erzählt; ein asketisch, nachdenklich und bisweilen melancholisch wirkender Geistlicher.

Uganda – gelegen in der unruhigen Region der Großen Seen – ist umgeben von Kenia, der Demokratischen Republik Kongo, Süd-Sudan, Tansania und Ruanda. Ein dicht besiedeltes Land: 35 Millionen Menschen auf 200.000 Quadratkilometer Landfläche, rund 175 pro Quadratkilometer. »Mit unserem Bevölkerungswachstum von derzeit 3,3 Prozent sind wir um 2050 hundert Millionen«, sagt Oneka achselzuckend.

Uganda zählt zu den ärmsten Ländern der Welt; 20 Prozent der Bevölkerung sind unterernährt. Um die Wirtschaft zu fördern, setzt die Regierung unter Präsident General Yoweri Museveni radikal auf private Agrarinvestoren aus dem In- und Ausland. Sie sollen – mit moderner Plantagenproduktion und vorwiegend für den Export – die fruchtbaren, aber angeblich unternutzten Böden des Landes endlich »effizient« bewirtschaften.

Die agrarpolitische Rosskur verzeichnet wirtschaftlich durchaus Erfolge: Das Wirtschaftswachstum lag in den letzten Jahren stets bei mindestens fünf Prozent; Uganda wird als eines von wenigen Ländern Afrikas das Millenniumsziel erreichen, den Bevölkerungsanteil an extrem Armen zwischen 1995 und 2015 zu halbieren.

Die Kehrseite der Medaille: Museveni, an der Macht seit einem Vierteljahrhundert, herrscht nach Gutsherrenart. Und immer wieder stehen Minister in der Zeitung – wegen Korruptionsaffären, die nie aufgeklärt werden. Als sehr korruptionsanfällig gelten auch die Verwaltung und das Gerichtswesen.

»Die problematischsten Auswirkungen jedoch hat die bedingungslos auf Kommerzialisierung setzende Agrarpolitik des Präsidenten« sagt Joseph Oneka. »Fast 80 Prozent der Ugander betreiben Landwirtschaft nur für den eigenen Bedarf und Märkte ihrer unmittelbaren Umgebung. Wer ihnen ihr Land wegnimmt, um es Investoren zu überlassen, zerstört ihre Existenz.« – Der Leiter der Menschenrechtsabteilung des UJCC erläutert mir die mannigfachen Formen des Landbesitzes in Uganda:

Nur eine kleine Minderheit der Landnutzer besitzt »normal« verbrieftes und beim Grundbuchamt eingetragenes Landeigentum (*freehold tenure*). Über 60 Prozent des Landes, vor allem im Norden, werden nach traditionellen Regeln von Clans und Familien genutzt (*customary tenure*); ein kleiner Teil ist von Privatpersonen und vom Staat gepachtetes Land (*lease hold*). Im Zentrum Ugandas, im alten Königreich Buganda, gibt es zudem den Sonderfall des *Mailo-Lands*: Um 1900 teilte ein Abkommen zwischen der Kolonialmacht Großbritannien und Buganda das Land des Königsreichs unter 3.700 Adligen auf – in Parzellen, die nach Quadratmeilen (daher *Mailo*) bemessen wurden. Auf diesem Land lebende Kleinbauern gelten seitdem nur noch als *bona fide*-Nutzer – gesetzlich vor Vertreibung geschützt, tatsächlich jedoch der Willkür der meist in der Stadt lebenden Grundherren ausgesetzt. Zu diesen zählt auch die Regierung, die über einen Teil des *Mailo*-Lands verfügt.

Die verwirrende Vielfalt des Landbesitzes mit entsprechender Rechtsunsicherheit nutzen lokale Eliten und Regierungsfunktionäre seit jeher, um sozial Schwächeren ihr Land wegzunehmen. Die Folge sind oft gewaltsam ausgetragene Landkonflikte, in denen der Ugandische Kirchenrat immer wieder vermittelt. Außerdem vertritt er gegenüber Behörden und Parlamentsausschüssen die Interessen entrechteter Kleinbauern. Auch dem UJCC ist es zu verdanken, dass seit 2008 Bauern, die ein Stück Land mindestens zwölf Jahre genutzt haben, nicht einfach so vertrieben werden dürfen; sie besitzen – zumindest auf dem Papier – ein Recht auf Entschädigung.

Stark zugenommen haben die Auseinandersetzungen um landwirtschaftliche Nutzflächen zuletzt vor allem in Norduganda. Dort sind fast 80 Prozent der Bevölkerung betroffen von Landkonflikten infolge des 20jährigen Bürgerkriegs, den die Regierung gegen die Lord's Resistance Army (LRA) des Joseph Kony führte. Menschen, die viele Jahre in Vertriebenenlagern überlebt haben, sehen jetzt ihr Land besetzt von Neusiedlern; zu allem Überfluss ist vielerorts das Wissen um die genauen Grenzen traditionell genutzter Flächen verloren gegangen; im Lager

Abb. 3: Bewaffnete – Im Straßenbild Nordugandas, aber auch Kampalas ist das Militär allgegenwärtig.

verstorbene Clan-Älteste haben es mit ins Grab genommen. Oft haben sich auch natürliche Grenzmarkierungen, etwa die Vegetation, verändert – mit der Folge, dass heute sogar Brüder um die Aufteilung des Landes ihrer Familie streiten.

Eine völlig neue Dimension jedoch hat den Landkonflikten in ganz Uganda die staatlich vorangetriebene Kommerzialisierung der Landwirtschaft verliehen, sagt Joseph Oneka. Systematisch identifiziert die Uganda Investment Authority (UIA) für Plantagenwirtschaft geeignetes Land, beansprucht es, wo immer möglich, als »öffentliches« Land oder erwirbt es von (vermeintlichen) Eigentümern. Anschließend verpachtet die UIA das Land, entleert von Menschen und Gebäuden, für 50 bis 99 Jahre an in- und ausländische Investoren – zum Anbau von Produkten meist für den internationalen Bedarf; von Zuckerrohr, Kaffee, schnell wachsenden Bäumen oder Palmöl. Die Menschen, die die relevanten Flächen – meist seit vielen Jahrzehnten – als Kleinbauern bewirtschaften, gelten plötzlich nur noch als *squatters* oder *encroachers*, als illegale Eindringlinge. Sie werden von der Regierung ohne viel Federlesens vertrieben – häufig mit militärischer Gewalt.

Präsident Museveni gilt persönlich als reger Akquisiteur ausländischer Agrarinvestitionen. Immer wieder trifft er sich öffentlich mit chinesischen, indischen oder ägyptischen Interessenten; die Deals werden dann hinter geschlossenen Türen ausgehandelt. Allein Ägyptens Regierung hat sich, so das Kairoer Landwirtschaftsministerium im August 2008, bereits 800.000 Hektar Ackerland gesichert. Ägyptische Investoren sollen auf diesem Land, das fast 15 Prozent der ugandischen Agrarfläche von 5,5 Millionen Hektar entspricht, Mais und Weizen für den eigenen Bedarf anbauen. Weitere Details wurden allerdings noch nicht bekannt.

»Die Konsequenzen der Agrarkommerzialisierung sind, sozial wie ökologisch, vielerorts dramatisch«, sagt Pfarrer Oneka. Nach Beispielen muss man nicht lange suchen:

Palmöl statt Wald

Zu den Vorzeigeprojekten der ugandischen Agrarpolitik zählt ein großes Palmölprojekt auf den Kalangala-Inseln im Victoriasee – konzipiert offiziell als Nutzung degradierter Waldflächen und vorher anderweitig genutzten Ackerlandes. Palmöl ist weltweit sehr begehrt vor allem als zugleich hochwertiges und preisgünstiges Speisefett, als Rohstoff für Back- und Süßwaren sowie Kosmetika; höchst umstritten ist der Einsatz von Palmöl als Rohstoff für Agrosprit.

Das Projekt auf den Kalangala-Inseln besteht aus einer 7.000 Hektar großen Plantage auf der Hauptinsel Bugala und 3.500 Hektar Land, auf denen zuliefernde Bauern Ölpalmen anbauen. Beteiligt sind der (wegen seiner Aktivitäten in Indonesien umstrittene) malaysische Palmölgigant Wilmar International (der insgesamt 40.000 Hektar in Uganda nutzt), der ugandische Palmölverarbeiter BIDCO und, zu 10 Prozent, Ugandas Regierung. Kredite gewährten auch der Internationale Fond für landwirtschaftliche Entwicklung (IFAD) und der privatwirtschaftliche Arm der Weltbank, die International Finance Corporation (IFC).

Schon bald nach dem Projektstart jedoch, ab 2007, häuften sich Beschwerden der lokalen Bevölkerung, die die Organisation Friends of the Earth International in ihrer im April 2012 erschienenen Studie »Land, Life and Justice« untersuchte. Nur eine kleine Minderheit lokaler Bauern bekam danach überhaupt die Chance, sich an dem Projekt zu beteiligen; den meisten Bauern fehlte es an ausreichend sicheren Landtiteln oder finanziellen Möglichkeiten, in den aufwändigen Palmölanbau einzusteigen. Viele, die trotzdem eingestiegen waren, mussten später ihr Land verkaufen; ihr Geld reichte nicht, die hohen Kosten für Dünger und Pestizide sowie die Durststrecke bis zur ersten Ernte zu bewältigen.

Hinzu kam, dass – infolge des großflächigen Ölpalmenanbaus – die Preise für zuvor auf der Insel produzierte Nahrungsmittel stiegen. Fast der gesamte Bedarf an Bananen, Bohnen, Mais und Maniok muss heute vom Festland importiert werden; das ist besonders bitter auch für die Plantagenarbeiter, die täglich gerade einen Dollar verdienen.

Erbittert prangert die lokale Zivilgesellschaft, zusammengeschlossen im Kalangala NGO Forum (KADINGO), zudem den ökologischen Raubbau seitens der Projektverantwortlichen an: Sie hätten massiv gegen ihre Lizenz und gegen Empfehlungen der vor Projektbeginn erstellten Umweltverträglichkeitsstudie verstoßen, indem sie zusätzlich riesige Flächen intakten Waldes gerodet und durch die neue Monokultur ersetzt hätten; außerdem hätten viele Palmöl anbauende Kleinbauern keine Ahnung von sachgerechtem Düngereinsatz; große Mengen Dünger würden in die Wasserläufe der Kalangala-Inseln und in den Victoria-See gespült.

Tatsächlich hat die Biodiversität auf den Inseln drastisch abgenommen; heimatlos gewordene Affen verwüsten jetzt die Felder verbliebener, traditionell arbeitender Kleinbauern; massive Bodenerosion trägt zur weiteren Versandung und Überdüngung des ohnehin stark belasteten Victoriasees bei. Kein Wunder, bilanziert Friends of the Earth, dass sich die Weltbank inzwischen kleinlaut aus dem Projekt zurückgezogen hat.

Abb. 4: Monokultur – Malaysische Investoren bauen in Uganda Ölpalmen an.

Freie Fahrt für Zuckerrohr-Agrosprit

Erschreckend rücksichtslos, klagt Joseph Oneka, geht die Regierung, auf ihrem Marsch in die rein kommerzielle Landwirtschaft, auch mit den Wäldern Ugandas um; diese bedecken zur Zeit noch 15 Prozent der Landesfläche. Besonders am Herzen liegt dem Geistlichen das Regenwaldreservat von Mabira, gelegen an der Straße von Kampala nach Jinja: »Ein einzigartiger Wald mit riesigen Bäumen und bunt blühenden Sträuchern, in deren Schatten es angenehm kühl ist. In dem Moment, in dem Sie in den Wald hinein fahren, merken Sie: Ich bin im Paradies.«

7.100 Hektar dieses Waldes wollte Präsident Museveni vor einigen Jahren der indischen Mehta-Group überlassen – und der Madhvani-Group, einem Konzern indischstämmiger Ugander mit besten politischen Kontakten. Die Unternehmen wollten dort Zuckerrohr für Agrosprit anbauen. »Wie ein Mann jedoch«, sagt Joseph Oneka und lächelt erstmals in unserem Gespräch, »lehnte sich die ugandische Zivilgesellschaft gegen das Projekt auf; und der Präsident musste klein beigegeben.« Vorläufig: In jüngster Zeit fordert Museveni erneut, den Regenwald von Mabira zu roden – diesmal, um, angeblich, die Zuckerversorgung Ugandas zu sichern.

Die Madhvani-Group tut sich derweil in Norduganda um, wo der Bürgerkrieg die traditionellen Landbesitzverhältnisse durcheinander gebracht hat. Im Februar 2012 erstritten der Konzern und Ugandas Regierung gerichtlich am High Court (Obergericht) in Gulu, dass Präsident Museveni der Madhvani-Group 40.000 Hektar Land im Amuru-Distrikt für eine Zuckerrohrplantage überlassen darf. Es handle sich um öffentliches und nicht um traditionell von Clans des Acholi-Volkes genutztes Land. Dies hatten drei frühere Parlamentsabgeordnete und mehrere Clanälteste der Acholi vergeblich eingeklagt. Tausende Familien, die gerade erst schlimme Jahre in Vertriebenenlagern hinter sich haben, sind jetzt erneut von Vertreibung bedroht.

Für kommerziell zukunftsträchtig hält Ugandas Regierung – neben Palmöl-, Zuckerrohr-, und Kaffeeplantagen – auch den Anbau schnell wachsender Bäume wie Eukalyptus und Pinien. Aus guten Gründen: Baumplantagen bringen nicht nur Geld fürs Holz, sondern überdies Erlöse aus international gehandelten Emissionszertifikaten für Treibhausgase. Auf solche Zertifikate haben kommerzielle Baumpflanzer Anspruch und können sie weltweit verkaufen.

Offiziell sind Baumplantagen ausschließlich auf degradierten Flächen in Waldreservaten vorgesehen. Tatsächlich, klagen Umweltschützer, werden oft auch intakte Wälder aus einheimischen Bäumen zugunsten von Monokulturen importierter Sorten gerodet. Und, noch schlimmer: Zu Zehntausenden werden Kleinbauern aus »Waldreservaten« vertrieben, um Platz für die Plantagen zu machen. Von »grünem land grabbing« sprechen Kritiker inzwischen; einen Fall nehmen wir noch unter die Lupe. An diesem Fall und an dem der Kaweri-Kaffeeplantage werden viele Mechanismen des *land grabbing* in Uganda beispielhaft deutlich.

Peters Guava-Baum beschattet jetzt Kaffee

Auf der Kaffeeplantage im Distrikt Mubende habe ich mit dem Lehrer Peter Kayiira unter einem Guava-Baum Schatten gefunden – nicht weit von seiner einstigen Schule, die heute das Hauptquartier der Kaweri Coffee Plantation Ltd. beherbergt. »Hier habe ich mit meiner Familie gelebt. Und die Früchte dieses Baums haben meine Kinder besonders gern gegessen, weniger gern die Jackfruit von dem Baum dort drüben. Den Eukalyptushain, den Sie dahinter sehen, habe ich übrigens selbst angelegt; er gehört mir – so wie das ganze Land, auf dem wir stehen, insgesamt 20 Acre, acht Hektar. Aber, obwohl ich einen beglaubigten Kaufvertrag für dieses Land habe, hat es mir die Regierung weggenommen. Unser aller Land hat sie gestohlen, es den Deutschen gegeben und uns mit brutaler Gewalt vertrieben.« – »Zumindest haben sie einige unserer Bäume stehen lassen – als Schatten für ihren Kaffee«, sagt Peter noch, als wir weiterfahren.

Minuten später haben wir das Dorf Kitemba erreicht – oder was jenseits des Schlagbaums der Kaffeeplantage davon übrig geblieben ist: einige Stein- und Betongebäude mit Kiosken in den Fenstern; viele Hütten aus Lehm und Elefantengras; dazwischen Bananenstauden, im Staub spielende Kinder, trocknende Wäsche.

Matia Lubega, ein knorriger Alter, bittet uns unter sein Strohdach. »Früher war ich ein reicher Mann«, sagt Matia. »38 Jahre lang lebte ich, kaum einen Kilometer von hier, in einem guten Haus; ich besaß 35 Acre Land – genug, um meine 18 Kinder ordentlich zu versorgen. Seit unserer Vertreibung jedoch habe ich gerade noch zweieinhalb Acre. Mehrere meiner Kinder mussten ohne Abschluss die Schule verlassen. Und unterstützten uns nicht meine älteren Söhne, müssten wir hungern.« – Während Matia erzählt, füllt sich die Hütte mit Männern und Frauen, die immer wieder ernst nicken und Berichte aus ihrem eigenen Schicksal einwerfen.

»Unsere Tatkraft aber haben wir nicht verloren«, bricht Peter schließlich das etwas bedrückende Gespräch ab und führt mich zur neuen Schule des Dorfs: Schmucke Pavillons, zwischen denen schnatternde elf-, zwölfjährige Mädchen in lila Uniformen Maniokknollen herbeitragen – die Ernte aus dem Schulgarten, auf die mehrere Marktfrauen bereits warten. »Beim Bau dieser Schule haben wir alle angepackt. Zwei Klassenräume hat die Kaffeefirma finanziert – als Ersatz für unsere frühere Schule; die anderen Räume und die Anlage eines Sportplatzes hat eine britische Hilfsorganisation bezahlt.«

Die Sonne steht schon tief am Himmel, als einige der Schulmädchen mit 20 Liter-Kanistern zum gleichfalls neu angelegten Schulbrunnen gehen, sich Maniok- und Erdreste von den Händen waschen, um Wasser fürs Abendessen zu schöpfen. »Der Brunnen reicht natürlich nicht für alle« sagt Peter. »Wir haben noch ein Reservoir, in das die Kaffee-Firma Wasser aus einem unserer alten Brunnen leitet – leider nicht sehr zuverlässig. Zur Not müssen die Leute halt im Sumpf außerhalb des Dorfs Wasser schöpfen.«

Versprechungen als Blendwerk

An der Hauptstraße zum Städtchen Mubende, zwölf Kilometer von Kitemba und der Plantage entfernt, lebt in einem schmucken Anwesen Patrick Sendijja, seines Zeichens *sub-county chairman*, demokratisch gewählter Vorsteher mehrerer Dörfer. Ein jovial auftretender älterer Herr, den alle hier respektvoll grüßen, obwohl er kaum politische Macht besitzt. Sendijja erinnert sich genau an die vielen Besprechungen und Versammlungen vor der Anlage der Kaffeeplantage. Neues Land hätten die Behördenvertreter aus der Stadt den Bauern versprochen, neue Schulen, Straßen, Entschädigungen für immobiles Eigentum, das sorgfältig bewertet werden sollte.

»Alles Blendwerk«, sagt Sendijja. »Keines der Versprechen wurde je erfüllt.« Im Gegenteil: Anfang Juni 2001 verschärfte sich urplötzlich die

Abb. 5: Schlagbaum – Ein Teil Kitembas ist heute von der Kaffeeplantage besetzt.

Gesprächsatmosphäre; der damalige (direkt dem Präsidenten unterstellte) *resident district commissioner* (RDC) Perezi Katambe begann Ultimaten zu stellen. Am 7. August forderte er die Bevölkerung der vier Dörfer Kitemba, Kijunga, Luwunga und Kiryamakabe auf, das für die Plantage vorgesehene Land binnen einer Woche zu räumen.

»Am 17. August kam der RDC erneut«, erinnert sich Peter Kayiira, »begleitet von mehreren Armee-Offizieren und zwei Abgesandten der Kaweri Coffee Plantation Ltd. – Gregory Stough und Thomas Plattner. Katambe forderte uns auf, das Gelände noch in derselben Nacht zu verlassen. Andernfalls bekämen wir die volle Macht der Regierung zu spüren.«

Am Morgen des 18. August 2001 kamen die Lastwagen mit Soldaten, Bagger und Bulldozer. Am 24. August übergab, im Rahmen einer Feierstunde, Präsident Museveni persönlich das Land an Michael Neumann, den Inhaber der NKG. Unmittelbar danach – höre ich – beseitigten Mitarbeiter der Firma verbliebene Gebäude und Pflanzungen der Bauern; und die Firma engagierte, zusätzlich zur Polizei, Sicherheitspersonal, um eine eventuelle Rückkehr Vertriebener zu verhindern.

4.000 in Panik geflohene Menschen bauten sich zunächst Grashütten im Wald; sie bekamen Nahrungsmittel von kirchlichen Hilfsorganisationen. Mehrere Alte und Kleinkinder starben, weil sie schutzlos Kälte und Regen ausgesetzt waren. Viele Vertriebene gingen später in die Stadt; andere fanden irgendwo in der Region ein karges Auskommen – zumeist als Pachtbauern auf kleinsten Flächen, die dem Pachtherrn 50 Prozent der Ernte abgeben müssen. Ein Teil der Vertriebenen lebt heute in umliegenden Regionen, die die Regierung zu »Waldreservaten« erklärt hat; diese Menschen könnten demnächst erneut vertrieben werden.

»Hat die Firma den Vertriebenen Arbeitsplätze angeboten?«, frage ich den *sub-county chairman*. »Im Prinzip schon«, antwortet Sendijja bitter lächelnd. »Aber von einem Dollar Lohn pro Tag kann keiner hier seine Familie ernähren. Die Firma hat deshalb Arbeiter aus dem Osten Ugandas geholt, wo 2010 und 2011 Erdrutsche 30.000 Menschen obdachlos gemacht hatten; Arbeiter auch aus Ruanda und Burundi.«

Die Mühlen des Gerichtswesens

Termin im dritten Stock eines schmalen Bürogebäudes in Kampala – bei Rechtsanwalt Joseph Balikuddemba, den ich als erfahrenen Juristen mit Spaß an messerscharfen, ironisch zugespitzten Formulierungen erlebe. Balikuddemba hat 2002, im Namen von 2.041 Vertriebenen, beim High Court Kampalas Klage eingereicht gegen die Regierung Ugandas und die Firma Kaweri Coffee Plantation Ltd. »Die Firma der Deutschen hat an der Vertreibung mitgewirkt, indem ihre Arbeiter, nach Übergabe des Landes, das Eigentum der Vertriebenen weiter zerstörten«, sagt Balikuddemba.

Damit nicht genug: »Die Bewohner der heutigen Plantage waren ordentliche Pächter des früheren Landeigentümers oder hatten sogar selbst Eigentumsrechte. Nach unserem Gesetz hatten diese Bauern, wenn nicht ein Bleiberecht, so doch ganz klar Anspruch auf gleichwertige Ersatzgrundstücke und Entschädigung für ihre Verluste – zahlbar spätestens sechs Monate vor der Umsiedlung. Dass die Behörden Ugandas diese Ansprüche von 4.000 Menschen mit Füßen traten, haben die Deutschen, die ab Juni 2001 bei allen Versammlungen anwesend waren, hautnah mitbekommen und deshalb mit zu verantworten. Sie haben vom Unrecht bereitwillig profitiert – anstatt zu verlangen, dass offene Fragen rechtsstaatlich gelöst wurden, bevor sie den Plantagebetrieb aufnahmen.«

»Du brauchst einen langen Atem für einen solchen Prozess«, sagt der Anwalt und verdreht die Augen. »Eigentlich sollte Uganda, nach der Verfassung von 1995, spezielle Tribunale haben, die Landkonflikte zügig regeln. Damals wollten die Verfassungsgeber armen Bauern den langwierigen und teuren normalen Rechtsweg ersparen. Unsere Regierung jedoch gab den Tribunalen kaum Geld; und nach wenigen Jahren waren sie wieder verschwunden.«

Und so kämpft Joseph Balikuddemba seit nunmehr zehn Jahren mit dem zähen Gang der Dinge am High Court – der ersten Instanz, der noch zwei weitere folgen können. Immer wieder wechselten die Richter, wurden versetzt, pensioniert, galten als befangen; immer wieder waren

Anwälte der Prozessgegner dringend ins Ausland verreist oder Zeugen nicht auffindbar; immer wieder begann alles nahezu von vorn – wozu die Gegenseite kräftig beigetragen habe: »So verlangte die Firma der Deutschen, dass meine Klienten als Sicherheit für Gerichtskosten 20 Millionen Schilling (6.000 Euro) hinterlegten – was der Richter dann auch verfügte. Hätte nicht die Hilfsorganisation Action Aid das Geld aufgebracht, hätten wir die Klage zurückziehen müssen.«

Warum darf Anna Nandyose kein Land vermessen?

Als ich am nächsten Morgen mit Peter Kayiira die außerhalb Kitembas lebende Anna Nandyose Katende besuche, schwingt die 84jährige gerade die Hacke auf ihrem Maniok-Acker. »Dieses Stückchen noch«, ruft sie schelmisch lachend, beschleunigt ihr Hacktempo und führt uns dann auf einen gepflegten kleinen Hof, wo ihre noch ältere Schwägerin – auf einem Bastteppich sitzend – die Morgensonne genießt.

Anna zeigt mir ihren liebevoll angelegten Garten: Bananenstauden, Avocado-, Mango-, Papayabäume. Dann zeigt sie mir zwei Dokumente, nach denen sie Eigentümerin von 50 Acre Land des *Blocks 103* im Distrikt Mubende ist – gekauft von ihrem Vater am 24. Oktober 1949, eingetragen ins Grundbuch der Stadt Mityana am 7. August 1964.

Derzeit muss Anna mit fünf Acre auskommen – zu wenig für sie, ihre Schwägerin, ihre gleichfalls bei ihr lebende Tochter und die Kinder. Die alte Frau beginnt zu weinen, als sie vom 18. August 2001 erzählt, jenem Tag vor nunmehr elf Jahren, als Soldaten die Tür auch ihres Hauses eintraten, das Wellblechdach herunterrissen und auf einen Lastwagen warfen.

Aus unerfindlichen Gründen, sagt Anna, habe die Kaffeefirma auch ihr Grundstück in Beschlag genommen – obwohl es nicht auf *Block 99* liege, den die Firma gepachtet habe, sondern auf dem benachbarten *Block 103*. – Nein, sage die Firma, dass stimme nicht. Deshalb hat sich die alte Frau schließlich an Peter Kayiira gewandt; und der hat, auf Rat

Abb. 6: Beweis – Peter Kayiira mit den Dokumenten, die Anna Nandyose Katendes Anspruch auf 50 Acre Land belegen. Abb. 7: Unermüdlich – Die 84-jährige Anna Nandyose Katende arbeitet bis heute im Garten.

der Grundbuchbeamtin in Mityana, vereidigte Landvermesser engagiert. Diese sollen Annas Ansprüche nun entweder zweifelsfrei belegen oder widerlegen.

Heute Morgen an diesem 2. April 2012 wollten die Experten das relevante Grundstück vermessen, wurden jedoch von der Polizei gestoppt. Sie bräuchten eine zusätzliche Genehmigung des RDC. »Diese hat uns der neue RDC, Patrick Buriiku, vor einer Stunde ganz offen verweigert«, berichtet Peter. »Die Firma Kaweri Coffee Plantation Ltd. solle nicht bei ihrer Arbeit gestört werden.« Nun müssen Anna und Peter erneut bei der Grundbuchbeamtin im zwei Stunden entfernten Mityana vorsprechen, dann vielleicht Klage bei Gericht einreichen. »Aber wir fechten das durch«, sagt Peter mit blitzenden Augen. Und Anna legt dem Lehrer ihrer Enkel, der deutlich kleiner ist als sie, den Arm um die Schultern.

»Die Menschen hier, für die sonst kaum jemand eintritt, vertrauen auf mich und meine Durchsetzungskraft«, sagt Peter, als wir nach Kitemba zurückfahren. Und er scheint dieses Vertrauen sehr ernst zu nehmen, das ihn vor immer neue Herausforderungen stellt: »Im Januar 2012 erschossen Sicherheitskräfte der Plantage den Vertriebenen Honest Kasigazi. Angeblich wollte der junge Mann, der seine Frau und eine einjährige Tochter hinterlässt, Kaffee stehlen. Als die Leute hier von dem Vorfall erfuhren, griff ein Mob die Sicherheitskräfte an und verletzte drei von ihnen. Darüber wiederum war die Firma derart erbost, dass sie uns für drei Wochen die Wasserzufuhr sperrte.«

Fragen ohne Antwort

Natürlich versuche ich auch zu erfahren, wie man bei der Kaweri Coffee Plantation Ltd. und ihrer Muttergesellschaft, der NKG, die Dinge sieht. Im Büro der Plantage führe ich ein kurzes Gespräch mit dem *managing director* Etienne Steyn – über unser beider Erfahrungen im Simbabwe des Robert Mugabe, wo Steyn seine eigene Kaffeefarm verlor. Dieser Verlust, geht es mir durch den Kopf, hat den freundlich, aber auch streng und verschlossen wirkenden Manager wohl noch härter gemacht – und geeignet für den Job hier. Alle Fragen zur Plantage möge ich doch bitte an die stets gut informierte Zentrale der Neumann-Gruppe in Hamburg richten, sagt Steyn und reicht mir die Hand zum Abschied.

Eine lange Liste präziser Fragen schicke ich Mitte April 2012 an die NKG-Zentrale – darunter auch die Frage, ob und in welcher Höhe die Firma Geld für eine Entschädigung der Vertriebenen auf ein Treuhandkonto eingezahlt hat und was gegebenenfalls mit dem Geld geschehen ist. Als Antwort kommt nur der Hinweis auf zwei bereits veröffentlichte Pressemitteilungen. Darin betont die Firma, dass sie zwei an die Plantage grenzende Dörfer mit Wasser versorgt. Zur Evakuierung des Plantagengrundstücks schreibt sie, die Betroffenen »erhielten die Termine für ihre Umsiedlung, die Zuteilung eines neuen Grundstücks und gesetzesgemäße Kompensation« – was leider nur rund hundert Familien in Anspruch genommen hätten. Zur Vertreibung der großen Mehrheit der Bauern heißt es: »Die Vertreibung dieses Personenkreises durch die Armee, die in keinster Weise von der Neumann-Gruppe abzusehen noch zu verantworten war, verurteilen und bedauern wir sehr.« Anna Nandyose schließlich, heißt es, möge sich mit ihrem Anliegen um Vermessung strittiger Flächen doch bitte an die Landeigentümer wenden und nicht an die Firma, die das Land nur für 99 Jahre gepachtet habe.

»Die für unsere alten Menschen vielleicht wichtigste Konsequenz der Vertreibung verstehen die Kaffee-Leute sowieso nicht«, hat mir Peter Kayiira noch gesagt: »In unserer Kultur, der Kultur der Baganda, haben wir ein sehr intensives Verhältnis zu unseren Ahnen. Wir begraben alle Familienmitglieder in einer Grabstätte und pflegen diese regelmäßig. Wir treffen uns dort, feiern mit unseren Ahnen, essen und trinken. Jetzt aber sind wir völlig von unseren Ahnen abgeschnitten. Wir können sie nicht mehr besuchen. Und um dies endgültig zu machen, hat die NKG eine Firma engagiert, die die Grabstätten zerstörte, alle Knochen ausgrub und sie verbrannte. »Viele unserer alten Menschen«, sagt Peter dann, »quälen sich jetzt mit der Frage: ›Wenn ich sterbe – wo werde ich dann begraben? Es gibt ja kein Fleckchen Land mehr, dass mir oder meiner

Familie gehört.‹ Das ist ein großes Problem für die alten Menschen bei uns: ›Nichts zu essen zu haben, kann ich überleben – notfalls, indem ich bettle. Zu sterben jedoch, ohne einer Grabstätte zu haben, bedeutet endlose Einsamkeit und Ruhelosigkeit.‹«

Grüner Landraub?

Auch Francis Sekatale ist Lehrer im Distrikt Mubende. Er arbeitet an der Sekundarschule des Städtchens Madudu. Von hier aus führt eine Erdstraße in den Weiler Kisugga, der wiederum nur 20 Kilometer Luftlinie entfernt liegt vom Dorf Kitemba. Um die wenigen festen Häuser von Kisugga wuchert das Elend wie ein Krebsgeschwür: Lehmhütten ducken sich in die Niederungen; ein Verschlag mit drei fensterlosen Räumen dient

Abb. 8: Altersglück – Anna Nandyoses 90-jährige Schwägerin genießt den mildsonnigen Nachmittag. Sie weiß, wo sie einmal begraben wird.

als Schule, wo die Kinder mit nichts als Strohhalmen das Zählen üben – unterrichtet von Freiwilligen. Die meisten der Kinder tragen Lumpen, sie wirken krank und unterernährt.

Die Eltern dieser Kinder haben kein Geld, sie zur nächsten richtigen Schule in Madudu zu schicken, sagte Francis. »Es handelt sich um 40 Familien, die – wie ich – aus dem Dorf Kyamukasa vertrieben wurden; es liegt hinter dem Hügel dort drüben.« – In Kyamukasa hat Francis Sekatale eine kommunale Schule geleitet – mit 300 Schülern und sieben Lehrern. Anfang 2010 walzten Bulldozer die Schule nieder, um Platz zu machen für eine Pinien- und Eukalyptusplantage der britischen New Forests Company (NFC).

Die NFC hatte bislang keinen schlechten Ruf. Sie forstet in Tansania, Mosambik, Ruanda und Uganda zigausende Hektar offiziell »degradierter« Waldreservate mit schnell wachsenden Bäumen auf. Mit ihren so-

Abb. 9: Schulunterricht – Die Vertriebenenkinder von Kisugga verlieren schon jetzt ihre Zukunft.

Abb. 10: »Wir müssen uns wehren.« – Der vertriebene Lehrer Francis Sekatale spricht mit Schicksalsgenossen.

zialen Leistungen – ordentlichen Unterkünften, Schulen, Gesundheitsstationen für Arbeiter und betroffene Kommunen – gilt die NFC als vorbildlich.

In Uganda begann die Firma 2005, insgesamt rund 10.000 Hektar zu bewirtschaften – im Distrikt Mubende das Namwasa-Waldreservat, im benachbarten Distrikt Kiboga das Luwunga-Reservat. Zwölf Millionen Pinien und Eukalyptusbäume wurden bislang gepflanzt – mitfinanziert vom IFC der Weltbank und zertifiziert vom renommierten Forest Stewardship Council (FSC).

Das Gemälde einer heilen Baumplantagen-Welt in Uganda jedoch bekam im September 2011 hässliche Flecken. Damals veröffentlichte die britische Organisation Oxfam ihre Fallstudie »The New Forests Company and its Uganda Plantations«, der zufolge zugunsten der Plantagen insgesamt 22.500 Menschen brutal vertrieben wurden – als angeblich illegale Siedler in Waldreservaten. Diese Studie finde ich im April 2012 drastisch bestätigt:

Etliche der in Kisugga gestrandeten Vertriebenen berichten mir, dass sie sich Anfang der 80er Jahre im Namwasa-Waldreservat ansiedelten – in einer damals schon weitgehend entwaldeten Region. Ein Vierteljahrhundert lang wurden die Siedler von den Behörden geduldet; nach Oxfam vorliegenden Dokumenten wurden sie sogar ermutigt, sich im Namwasa-Reservat anzusiedeln.

Ab 2006 jedoch forderten Abgesandte des Distrikts und der Firma die Bauern immer dringlicher auf, das Gebiet zu verlassen. »Und ab 2007 machten uns Soldaten mürbe«, berichtet der Bauer Vincent Royda. »Sie hinderten uns an der Feldarbeit, zerstörten unsere Ernte und zwangen uns, unsere Schule zu schließen.«

»Anfang Januar 2010 schließlich sah ich Lastwagen mit Soldaten an meinem Haus vorbeifahren«, hat mir gestern *sub-county-chairman* Patrick Sendijja berichtet. »Es war genauso wie damals, als sie nach Kitemba fuhren. Später hörte ich, dass das Militär in Kyamukasa eine Versammlung mit Tränengas aufgelöst, Menschen verprügelt und fast 20 Männer verhaftet hatte.«

Vincent Royda verbrachte zwei Monate im Gefängnis. »Dort schlugen sie uns und gaben uns oft nichts zu essen. ›Wenn ihr raus wollt‹, sagten sie schließlich, ›müsst ihr schriftlich akzeptieren, dass euch das Land, auf dem ihr lebt, nicht gehört; dass ihr freiwillig geht und bereit seid, auch andere zum Gehen zu überreden.‹«

Als die Bürger Kyamukasas sich weigerten zu gehen, kamen die Bulldozer; und Soldaten zündeten – wie neun Jahre zuvor in Kitemba – die Häuser an. »Ein Kind verbrannte in einem von Soldaten in Brand gesteckten Haus«, erzählt die Bäuerin Beatrice Nyatasha. »Ein weiteres Kind fiel während der Flucht in einen Fluss und ertrank.«

Heute überleben die 40 in Kisugga gestrandeten Vertriebenenfamilien, indem sie auf kleinsten Flächen gepachteten Landes Mais anbauen. Den Landeigentümern geben sie die Hälfte der Ernte; mehr als provisorische Hütten als Unterkünfte dürfen sie nicht bauen. »Die mangelernährten

Kinder hier, die keine ordentliche Schule besuchen, verlieren schon jetzt ihre Zukunft«, sagt der Lehrer Francis Sekatale. »Und die Alten wissen nicht, wo ihr Grab liegen wird.« – Im unzugänglichen Busch ringsum leben weitere Gruppen von Vertriebenen, erfahre ich. Kein Weg führt zu ihren Lagern; sie sind völlig auf sich gestellt.

Auf den Oxfam-Bericht über die Vertreibung von 22.500 Menschen aus den »Namwasa«- und »Luwunga«-Waldreservaten reagierte die Forstfirma NFC wie eine beleidigte Unschuld vom Lande. Die Firma verwies auf ein im Rahmen ihrer FSC-Zertifizierung erstelltes Gutachten, nach dem die Umsiedlung der »illegalen Siedler« in schönster Ordnung verlaufen sei. Erstens handle es sich, gemäß staatlich-ugandischer Zählung, um höchstens 10.000 Betroffene; diese hätten sich, zweitens, erst kurz zuvor illegal in den Reservaten angesiedelt und hätten stets gewusst, dass sie wieder gehen müssen; drittens schließlich – so die NFC wörtlich –

Abb. 11: Verhasst – Auf dem Gipfel des Hügels haben erboste Vertriebene die jungen Pinien der NFC niedergebrannt.

»waren die Räumungen kein *land grabbing*, da die Rechte der Menschen respektiert wurden und alles in Konsultation mit den Betroffenen ablief – transparent, demokratisch und unter Beobachtung der NFC.« Diese habe überdies Entschädigungen zahlen wollen, was aber leider Ugandas Regierung verboten habe.

Die Firma widerspricht auch den Behauptungen der Betroffenen und Oxfams, dass Schulen geschlossen und zerstört wurden: »Das ist unwahr; und wir fordern Oxfam auf, diese Beschuldigung zu widerrufen. Tatsächlich hat es nur ein Lehmgebäude gegeben, das im Dorf Kyamukasa als informeller Klassenraum genutzt wurde.«

Der Lehrer Francis Sekatale, der Bauer Vincent Royda, die Bäuerin Beatrice Nyatasha, Hunderte von Oxfam Befragte und Oxfam selbst – alles Lügner also? Und nur die Firma NFC und Ugandas Regierung berichten die Wahrheit? Die Wahrheit »kann nur von den Gerichten in Uganda festgestellt werden; nicht von Ausländern, die hierüber Untersuchungen machen«, schreibt die NFC auf ihrer Website.

Oxfam kritisiert solche Äußerungen der Firma als »legalistisch« und zeigt sich befremdet angesichts des demonstrativen Vertrauens der NFC in Ugandas anerkanntermaßen korrupte Justiz. Implizit stellt Oxfam auch die Frage: Kann eine Firma, die Geschäfte mit einem Regime wie dem Ugandas macht, überhaupt saubere Hände behalten?

Die Menschen in Kisugga sind der Organisation Oxfam dankbar dafür, dass sie schlimme Menschenrechtsverletzungen ans Licht der Weltöffentlichkeit gezerrt hat; dass sie mit viel Aufwand auch die Verluste der Vertriebenen dokumentiert hat. Seit Ende 2011 läuft nun eine »mediation«, ein Vermittlungsverfahren: Unter Vorsitz eines ugandischen Ombudsmannes vertritt Oxfam gegenüber der NFC die Interessen der Vertriebenen. Diesen, abgeschnitten derzeit von fast allen Informationen, bleibt nur die Hoffnung, dass ihre Rechte gewahrt werden.

Francis Sekatale hat derweil Kontakt mit Peter Kayiira aufgenommen, unter dessen Führung die zugunsten der deutschen Kaffee-Plantage Vertriebenen für ihre Rechte kämpfen – in ihrer selbstentwickelten Strategie respektiert und unterstützt vor allem von der Menschenrechtsorganisation FIAN. »Die Leute aus Kitemba nehmen unermüdlich und furchtlos Ugandas Gesetze und Gerichte beim Wort«, sagt Francis. »Sie sind ein Vorbild für viele von uns hier.«

Auf dem Rückweg nach Madudu halten Francis und ich an einem lang gestreckten, flach ansteigenden Berghang, der bedeckt ist mit hunderttausenden – vielleicht 80 Zentimeter hohen – Pinien und Eukalyptusbäumchen. Was diese Monokultur durstiger Bäumchen für den Grundwasserhaushalt und die Bodenqualität der Region bedeutet, wird die Zukunft zeigen, denke ich – während mein Blick auf eine grau-schwarze Fläche am oberen Ende des Hangs fällt. »Dort haben während der letzten Trockenzeit wütende Vertriebene die Bäume der NFC angezündet«, sagt Francis. »Sie wussten wohl keinen anderen Weg, ihrer Verzweiflung Ausdruck zu verleihen.«

Erfolgreich als Öko-Bauer

Der Bauer Edward Ssebufwu ist ein Mann, der stets ein Lächeln auf den Lippen trägt. Der 60jährige, der wie 50 aussieht, hat allen Grund fröhlich zu sein. Ihm gehört, eingetragen ins Grundbuch, ein Bauernhof mit 20 Acre fruchtbarem Land nahe der Stadt Kakiri nördlich von Kampala. Und der Betrieb läuft bestens.

Mit Eustace Sajjabi, Kirimbe Deralt und Julius Musimenta – dem Beraterteam der in Kakiri ansässigen Organisation AFIRD – sitze ich in Edwards anheimelndem Garten, umgeben von Mango-, Papaya-, Passionsfrucht- und Jackfruit-Bäumen. Weiter hinten Stauden voll grüner, fast reifer Bananen, die zudem Edwards Kaffeesträucher beschatten. Einige Dutzend Eukalyptusbäume sichern den Eigenbedarf an Holz; auf den Feldern ringsum wachsen Maniok, Mais und viel Elefantengras für Edwards vielleicht 20 Kühe.

»Früher habe ich alles und jedes gemacht«, sagt der drahtige Bauer. »Vor einigen Jahren jedoch habe ich mich – auf Rat AFIRDs – spezialisiert. Den Löwenanteil meines Geldes verdiene ich jetzt mit Milch. Ich

Abb. 12: Getränkeabfüller – Der Bauer Edward Ssebuwfu produziert u. a. Papayawein und Passionsfruchtkonzentrat.

bin Mitglied einer Genossenschaft, die unsere Milch täglich einsammelt und an eine Molkerei verkauft. Die Genossenschaft schickt auch regelmäßig einen Tierarzt; sie liefert bei Bedarf Tiermedikamente und hat mir sogar die Solaranlage dort auf dem Dach installiert; die lädt tagsüber eine Batterie fürs Licht abends. Am Ende des Monats zieht mir die Genossenschaft dann aufgelaufene Ausgaben von den Milcherlösen ab.«

Edwards Kühe sind Kreuzungen zwischen klimatisch angepassten einheimischen und viel Milch liefernden friesischen Tieren. Sie bekommen ausschließlich frisches Futter und werden vorwiegend im Stall gehalten. So zertrampeln sie nicht wertvolle Ackerfläche und stiften stattdessen auch mit ihren Ausscheidungen Nutzen: Von Edwards Biogasanlage unter dem Stall führt ein Schlauch direkt zum Herd in der Küche; der in der Anlage verbleibende Mist ist hochwertiger Dünger. Wasser für Mensch und Tier spendet derweil ein 10.000 Liter-Regenwassertank.

»Den habe ich gebaut, weil es seit einigen Jahren immer unregelmäßiger regnet.«

Der auf seine Leistungen sichtlich stolze Bauer ruft nach seiner Frau, die aber irgendwo weit draußen auf dem Feld arbeitet. Deshalb zeigt mir Edward selbst – wie eine Weihnachtsüberraschung – den Vitrinenschrank in seiner Küche. »In der oberen Reihe sehen Sie Flaschen süßen Weins mit sieben Prozent Alkohol – aus Papaya, Mango und Bananen; die Flaschen in der unteren Reihe enthalten ein Passionsfruchtkonzentrat – alles selbst hergestellt.«

»Die wertsteigernde Verarbeitung und Konservierung von Obst haben wir den Bauern empfohlen«, erklärt AFIRD-Berater Kirimbe Deralt. »So müssen sie nicht, wie früher, überschüssiges Frischobst wegwerfen.«

Die Beratungsorganisation AFIRD, ein Partner von MISEREOR, hat in den letzten Jahren viele hundert Bauern der Gegend über ihre Landrechte informiert und sie in nachhaltiger Landwirtschaft ausgebildet. Ziel ist es, erklärt mir AFIRD-Chef Eustace Sajjabi, die Bauern mit ihren meist kleinen Flächen auf wirtschaftlich stabile Füße zu stellen und sie so weit wie möglich gegen das um sich greifende *land grabbing* zu immunisieren.

»Jeder Bauer sollte ein Spezialgebiet entwickeln, in dem er richtig gut ist und das ihm Spaß macht«, meint Sajjabi. Im Übrigen heiße die Devise: weg von Kunstdünger und Pestiziden, von den Zwischenhändlern, die die Bauern davon abhängig machen wollen; hin stattdessen zu natürlichem Dünger aus Kompost und Mist, zur Schädlingsbekämpfung mit wirksamen pflanzlichen Mitteln; hin auch zu schädlingsresistenten einheimischen Fruchtsorten. »Große, rote Tomatensorten aus dem Ausland sehen zwar schön aus, aber sie schmecken wässrig und brauchen Pestizide ohne Ende, wenn sie nicht dem ersten besten Schadpilz zum Opfer fallen sollen. Um wie viel besser sind da unsere einheimischen rot-gelben Tomaten! Die sind zwar klein, schmecken aber lecker und brauchen keine Chemie.« Beraten von AFIRD unterhalten mehrere Gruppen von Bauern inzwischen Saatgutbanken für sie geeigneter Fruchtsorten.

Dass ökologisch nachhaltiger Ackerbau arbeitsintensiver ist als kon-

Abb. 13: Angst – Safina Nabisere, Mutter von sechs Kindern, könnte ihre Existenz bald an »landgrabber« verlieren. Abb. 14: Nachhaltige Milchwirtschaft – Safinas Kühe sind Kreuzungen zwischen einheimischen und europäischen Rassen.

ventionelle Landwirtschaft und etwas weniger Erträge bringt, sei zwar prinzipiell richtig, räumt Sajjabi ein. »Dennoch fahren unsere Bauern mit dieser Art Landwirtschaft auf die Dauer besser: Sie erzielen höhere Preise für ihre Produkte; der zusätzliche Arbeitsaufwand verursacht in den großen bäuerlichen Familienverbänden hier keine zusätzlichen Kosten; und ein etwas geringerer Ertrag ist allemal besser als eine stetig sinkende Bodenqualität und Schulden beim Düngemittelhändler.«

Der Bauer Edward Ssebufwu pflanzt Obst und Feldfrüchte vorwiegend für den Eigenbedarf. Neben seinem Hauptprodukt Milch verkauft er nur seinen Kaffee und ärgert sich regelmäßig über die Zwischenhändler: »Die zahlen grotesk niedrige Preise und manipulieren auch noch die Waagen.« »Organisiert euch doch endlich und verkauft gemeinsam euren wertvollen, ökologisch angebauten Kaffee«, entgegnet Kirimbe Deralt. »Die Genossenschaft, die ich euch vor zwei Wochen genannt habe, zahlt 15 bis 20 Prozent mehr als die reisenden Händler.«

Nicht nur Vorzeigebauern wie Edward, der sich jüngst ein Moped kaufen konnte, profitieren von der Beratung AFIRDs; auch zahlreiche seiner weniger innovativ veranlagten Nachbarn haben sich spezialisiert, nutzen ihre Ressourcen effizient, betreiben Ackerbau ohne Chemie und haben sich so wirtschaftlich stabilisiert; weniger leicht als früher erliegen sie Angeboten, ihr Land zu verkaufen.

Trotzdem ist die Zukunft unsicher – auch die von Edwards Hof: Seine acht Kinder leben in der Stadt; sie kommen zwar oft zu Besuch; weil aber der Vater bis zu seinem Tod das Zepter in der Hand behalten will, ist offen, ob dann noch einer den Hof übernimmt. »In der Stadt *Boda-Boda*, Moped-Taxi, zu fahren, ist halt ein bequemeres Leben«, sagt der Bauer in etwas abfälligem Ton.

Kein bequemes Leben führt derweil Safina Nabisere, Edwards schräg gegenüber lebende Nachbarin. Sie putzt gerade den Stall ihrer beiden Kühe, als wir Besucher sie überfallen. Rasch wäscht sich die schüchtern wirkende junge Frau die Hände, stellt Gläser, Getränke und einen Korb Mangofrüchte auf den Tisch ihres penibel aufgeräumten kleinen Wohnzimmers.

Ja, sagt Safina, die Beratung durch AFIRD habe auch ihr Leben, das ihres gelegentlich mitarbeitenden Mannes und das der sechs Kinder grundlegend verbessert. Die Milch der Kühe sichert der Familie ein Grundeinkommen; auf ihren zwei Acre Pachtland kann sie so viel Elefantengras, Obst, Gemüse und Maniok anbauen, dass es für die Familie reicht; bei Problemen hilft stets der freundliche Nachbar. Vor kurzem hat die tatkräftige Bäuerin ihre alte Lehmhütte in einen Lagerraum verwandelt und ein hübsches neues Wohnhaus gebaut.

Über der Familie Nabisere schwebt jedoch ein Damoklesschwert: Der in der Stadt lebende Grundeigentümer will sein Land an ein großes Agrarunternehmen verkaufen. Safina und ihr Mann sollen daher ihr Vorkaufsrecht wahrnehmen oder sich mit einem halben Acre als ihr Eigentum begnügen. Jetzt zermartert sich Safina tagein, tagaus den Kopf: Ein halber Acre reicht bei weitem nicht zum Überleben der Familie; die zwei Acre kann sie nicht bezahlen – zumal der Eigentümer sich nicht auf Ratenzahlung einlässt. Nagende Angst, in auswegloser Armut zu versinken, bestimmt seit Monaten den Alltag der Familie.

Hunderttausenden Bauern wird ihr Land gestohlen

»Es ist ein Skandal«, platzt es aus AFIRD-Agraringenieur Julius Musimenta heraus. Safina habe ein gesetzlich verankertes Recht, ihr Land zu behalten – solange sie die Pachtgebühr bezahle. Das aber interessiere die großen Aufkäufer nicht, die seit einigen Jahren die Gegend unsicher machten: »Jener Holländer, der gleich nebenan 180 Hektar aufgekauft hat und darauf Ananas anbaut; die landgierigen Betreiber großer Plantagen, die *developer* wie Jokayi Properties, die Land für weitläufige Wohnanlagen und Golfplätze aufkaufen. Wissen Sie, dass wenige Kilometer von hier vor kurzem 150 Familien vertrieben wurden? Ein großer *developer* hat die lokale Polizei und das Gericht für sich eingenommen; und als die Leute einen Räumungsbescheid bekamen, dachten sie wohl, das sei legal.«

Ich denke zurück an gestern, als ich im Distrikt Mubende war: Ein chinesischer Investor – hatte mir Patrick Sendijja berichtet –, lege jetzt in diesem Distrikt eine noch größere Baumplantage als die NFC an. 150 Bauernfamilien seien deshalb bereits vertrieben worden.

Julius redet sich derweil weiter in Rage: »Land, das bei uns früher ein kulturelles Gut war, ist zu einem kommerziellen Gut degeneriert – wie ein Radio oder eine Kuh. Ein Handelsgut, mit dem man binnen weniger Monate riesige Profite macht. Vor kurzem habe ich einen Mann kennengelernt, der ein Stück Land für 45 Millionen Schilling kaufte; nach anderthalb Jahren verkaufte er es für 600 Millionen. – Und kennen Sie das ugandische Investitionsgesetz? Darin steht: Kein ausländischer Investor darf den Anbau von Nutzpflanzen oder Viehzucht betreiben oder Land dafür pachten. Zwei Absätze weiter aber steht: Der zuständige Minister darf, wenn es der Rohstoffversorgung des Landes dient, Ausnahmegenehmigungen erteilen.«

Überall im Lande seien jetzt in- und ausländische *land grabber* unterwegs, klagt Julius; die Landpreise stiegen; und die Regierung fördere nach Kräften die fortschreitende Konzentration des Landeigentums. Dabei bedienten sich die *land grabber* aller möglichen Tricks: »So kommen sie bisweilen, angeblich, im Namen einer Hilfsorganisation, um die Bauern über ihre Landrechte zu informieren. Sie geben den Leuten ein paar Getränke aus und reichen ein Blatt Papier herum: ›Unterschreibt hier. Wir wollen nur wissen, wer an dieser Informationsveranstaltung teilgenommen hat.‹ Dann nehmen sie einen Vertrag, hängen die Unterschriftenliste an und sagen, die Leute hätten der Preisgabe ihres Landes zugestimmt. Und unsere Richter akzeptieren das.«

AFIRD informiert die Bauern nicht nur über ihre Landrechte, betont das Beraterteam der Organisation. Man dränge die Bauern vor allem auch, sich zu organisieren und massiven Widerstand zu leisten gegen Enteignung und Vertreibung. Das sei ihre einzige Chance, jener tristen Armut zu entgehen, in der fast alle Vertriebenen versinken. Zwischen Kampala und Entebbe, berichtet Julius, sind in den letzten Jahren ganze Elendssiedlungen aus vertriebenen Kleinbauernfamilien entstanden.

In der Region um Kakiri sieht Julius Musimenta 70 Prozent der Landbevölkerung potentiell betroffen vom aktuellen *land grabbing*. »Darüber berichten unsere Medien leider nur sehr zurückhaltend, weil sie abhängig sind von Inseraten der Grundstücksfirmen und sich fürchten vor Repressalien der Regierung – so wie viele Organisationen der Zivilgesellschaft.«

Die Furcht hat gute Gründe: Ende April 2012 setzte Ugandas Innenminister der Hilfsorganisation Oxfam und der Uganda Land Alliance (ULA), einem Netzwerk aus 60 in- und ausländischen Organisationen, die Pistole auf die Brust: Oxfam und die ULA (mit der Oxfam als Mitglied eng kooperiert) sollten binnen 60 Tagen ihren kritischen Kurs gegenüber der Regierung korrigieren; sie sollten insbesondere die Behauptung zurückziehen, über 20.000 Menschen seien zugunsten der New Forests Company vertrieben worden, und sich entschuldigen. Im Weigerungsfall werde den Organisationen die Lizenz, in Uganda zu arbeiten, entzogen.

Zunehmende Nervosität der Regierung diagnostiziert AFIRD-Berater Julius Musimenta. »Das politische Klima in unserer Landbevölkerung wird immer explosiver. Die Menschen wissen, dass sie bestohlen werden. Und in nicht allzu ferner Zukunft werden Millionen Kleinbauern ihr Land zurückverlangen.«

Kambodscha
Bulldozer in Meanchey

Das Dorf Meanchey in Kambodschas Nordostprovinz Kratie besteht aus schmucken ziegelgedeckten Holzhäusern auf meterhohen Stelzen, gebettet in sattes Grün aus Bananenstauden, Palmen und Laubbäumen; da und dort kleine Reis-, Süßkartoffel- und Maniokfelder. Fette Schweine suhlen sich im Schlamm, geneckt von einfach, aber ordentlich gekleideten Kindern – während die meisten Erwachsenen Siesta halten.

»Wir Ureinwohner vom Volk der Steang leben seit Jahrhunderten in und von diesem Wald«, sagt Saroen Keth, der Dorfälteste. »Wir betreiben Wanderfeldbau, sammeln Früchte, Pilze und Rattan.« Dann führt Saroen den Besucher einige hundert Meter weg vom Dorf – wo urplötzlich der Wald endet und unter gleißender Sonne eine Wüste frisch gerodeten rot-braunen Erdreichs auftaucht, an deren Rändern sich mehrere Bulldozer immer tiefer in den Wald hineinfressen.

»An einem Tag im vergangenen Juli tauchten Bulldozer der vietnamesischen Firma CVI hier auf; sie begannen, den Wald sowie mehrere unserer Maniok- und Reisfelder zu roden«, erzählt der alte Mann. »Dann pflanzten Arbeiter überall Gummibäume.«

Die überraschten Bewohner Meancheys protestierten beim Distriktsgouverneur. Der habe nur gemeint, die Firma werde die Gegend entwickeln und Arbeitsplätze schaffen, berichtet Saroen. »Wir aber wollen nicht als Sklaven auf einer Gummibaum-Plantage arbeiten. Wir wollen wie unsere Vorfahren unser eigenes Land im Wald bewirtschaften.«

Abb. 15: Platz für Gummibäume – In Meanchey fressen sich die Bulldozer immer tiefer in den Wald der Steang.

Boom in einem armen Land

Kambodscha – halb so groß wie Deutschland, 14 Millionen Einwohner; umgeben von Thailand, Vietnam und Laos. – Ein Land glorreicher Vergangenheit: Das Reich von Angkor dehnte sich zwischen dem neunten und 14. Jahrhundert auf den größten Teil Südostasiens aus; es hinterließ faszinierende Baudenkmäler wie den Tempelkomplex von Angkor Wat. Ein fruchtbares Land: Noch vor 40 Jahren war Kambodscha zu 75 Prozent bedeckt von Regenwald und galt zugleich als »Kornkammer am Mekong«. Dann jedoch kamen der Vietnamkrieg und die Roten Khmer; diese ermordeten zwischen 1975 und 1979, aus abstruser Ideologie heraus, zwei Millionen Menschen – darunter fast die gesamte Intelligenz des Landes.

Nach der Befreiung durch Vietnam übernahm eine kleine, von Militärs dominierte Elite Kambodscha, sie beherrscht das Land bis heute. Zugleich verweigerte der Westen, befangen noch in anti-vietnamesischer Doktrin, bis tief in die 90er Jahre jede Entwicklungshilfe. Heute zählt Kambodscha zu den ärmsten und am schlechtesten verwalteten Ländern der Welt; das Bruttoinlandsprodukt pro Kopf lag 2011 um 60 Prozent unter dem der gleichfalls recht armen Philippinen; auch in der Entwicklung von Landwirtschaft, Industrie und Infrastruktur liegt Kambodscha, mit Laos und Myanmar, am Tabellenende in Südostasien; 30 Prozent der Bevölkerung leben unter der Armutsgrenze; zwei von drei Erwachsenen können nicht ordentlich lesen und schreiben, und: das Land der Khmer hängt am Tropf internationaler Hilfe, die 50 Prozent des Staatshaushalts finanziert.

Kambodschas Hauptstadt Phnom Penh wuchert seit einiger Zeit in alle Himmelsrichtungen. Entlang, vor allem, der Flüsse Tonle Sap und Mekong schießen immer neue stelzfüßige Bauten aus Holz, Beton und Ziegeln in die Höhe – manche bedeckt mit blauer Glasfassade, andere dekoriert – wie buddhistische Tempel – mit golden-bunten Balkonen, Türmchen und Pagodendächern. Erste Stadtautobahnen entstehen, immer mehr Fläche wird zubetoniert – nach dem Vorbild Bangkoks.

Parallel zum Bauboom in der Zwei-Millionen-Metropole wächst auch die Schuh- und Textilindustrie, die zwei Drittel der Exporteinnahmen erwirtschaftet und 400.000 Menschen beschäftigt, rasant; und immer mehr Touristen kommen; eine Million waren es 2004, 2,5 Millionen 2010.

Trotzdem wirkt Phnom Penh auf mich vielerorts immer noch ländlich geruhsam: im Durcheinander der Marktstände betäuben mich beinahe die zahllosen bunten Bilder, Gerüche, Geräusche und Musik; ich blicke fasziniert auf chinesische Motorräder, die mal lastwagenhohe Korbbündel, mal fünfköpfige Familien plus Gepäck durchs gemächliche Gewusel balancieren – vorbei an alten Männern und blau-weiß uniformierten Schulmädchen, die stoisch in die Pedale klappriger Fahrräder treten.

Wenige Kilometer außerhalb der Großstadt zeigt Kambodscha sein anderes, zutiefst bäuerliches Gesicht. Von Lotusblüten bedeckte Teiche tauchen auf, Bananenstauden, in kleinste Parzellen aufgeteilte Reisfelder, wo Männer mit nacktem Oberkörper den tiefen Boden pflügen. 80 Prozent der Kambodschaner leben bis heute auf dem Land – von oft

Abb. 16: Pragmatisch – Zu den wichtigsten Transportmitteln Kambodschas zählt das Moped. Abb. 17: Tempel bei Phnom Penh – Die Khmer blicken auf eine Jahrtausende alte Hochkultur zurück.

Abb. 18: Aussaat – Fast 80 Prozent der Kambodschaner leben von ihrer kleinen Reisparzelle. Abb. 19: Monokultur – Landarbeiter sammeln Cashewnüsse auf einer großen Plantage.

weniger als einem Hektar Ackerland, vom Fischfang, vom Früchte- und Honigsammeln im Wald. Ein nicht ungefährliches Leben: Unter der Erde Kambodschas liegen noch immer rund fünf Millionen Landminen und Blindgänger – ein Erbe der Kriege.

Eine Konzession für den Senator

Dessen ungeachtet ziehen sich, zwischen parzelliertem Land, auch kilometerlange Plantagen die Straße entlang: endlose Reihen Cashewnuss-Bäume, unter denen Arbeiter Nüsse sammeln; dunkelgrüne Gummibäume; Maniok für die Produktion von Agrosprit. Die meisten dieser Plantagen sind erst wenige Jahre alt.

»Die Landwirtschaft soll zum wichtigsten Motor der kambodschanischen Wirtschaft werden«, hat mir Rith Vuthy gesagt, der stellvertretende Generalsekretär des nationalen Entwicklungsrats. Kambodscha habe gute Böden und viel Wasser; man ernte bislang aber nur halb so viel Reis pro Hektar wie die Nachbarn Thailand und Vietnam. Um das zu ändern, vergebe die Regierung seit einigen Jahren in großem Stil »wirtschaftliche Landkonzessionen« an professionell operierende Investoren: Für bis zu 99 Jahre dürfen die Konzessionäre Flächen nutzen, die angeblich dem Staat gehören.

»Tatsächlich haben an dem vergebenen Land fast immer lokale Kleinbauern und im Wald lebende Ureinwohner Besitzrechte«, erfahre ich von Chin Lyda, einem Rechtsanwalt der Kambodschanischen Liga für die Förderung und Verteidigung der Menschenrechte (LICADHO). Bei den Konzessionen zum Zuge kämen überdies fast ausschließlich Politiker der regierenden Kambodschanischen Volkspartei (CPP), Militärs und deren ausländische Partner. Obwohl die Deals hinter verschlossenen Türen ausgehandelt werden, konnte LICADHO, ein Partner des Evangelischen Endtwicklungsdienstes (EED) und auch von MISEREOR, Details zusammentragen:

Danach kontrollieren fünf kambodschanische Tycoons 30 Prozent der Landkonzessionen: CPP-Senator Lao Meng 335.142 Hektar, Senator Mong Rethy 100.000 Hektar, Senator Ly Yong Phat 86.000 Hektar sowie die eng mit der CPP verbundenen Geschäftsmänner An Marady und Try Pheap 41.000 bzw. 36.000 Hektar. Ausländische Partner sind vorwiegend chinesische und vietnamesische sowie einige südkoreanische Firmen. Angebaut werden, soweit die Flächen schon landwirtschaftlich genutzt werden, vor allem Kautschuk, Zuckerrohr und Palmöl. Eine 2008 den Regierungen von Kuwait und Katar erteilte Konzession zum Anbau von Exportreis auf 200.000 Hektar hat sich bislang nicht in konkreten Projekten niedergeschlagen.

Insgesamt wurden bislang – so LICADHO – zwei Millionen Hektar an 227 Firmen vergeben – über die Hälfte der insgesamt 3,6 Millionen Hektar landwirtschaftlich nutzbarer Fläche in Kambodscha. Die Regierung bestätigte im März 2012 Konzessionen über 1,2 Millionen Hektar an 118 Firmen, darunter 28 aus China und 27 aus Vietnam. Hinzu kommen Konzessionen für die bergbauliche Exploration von insgesamt 1,9 Millionen Hektar; Firmen mit meist australischer oder chinesischer Beteiligung suchen in Kambodscha vor allem nach Gold, Eisen und Kupfer. Insgesamt kontrollieren inzwischen, nach LICADHO-Berechnungen, private Firmen 3,9 Millionen Hekar – 22 Prozent der Landesfläche.

»Ausländische Agrarinvestoren helfen Kambodscha, bessere Ernten einzufahren«, hat mir Chan Vuthy gesagt, Manager der größten Reismühle des Landes. »Die Investitionen bringen uns Devisen; sie tragen bei zum Ausbau der ländlichen Infrastruktur und zur Entwicklung einer Reis und andere Nahrungsmittel verarbeitenden Industrie. Außerdem können von Wissen und Technologie der Investoren auch unsere Kleinbauern profitieren.«

Casino im Waldreservat

»Schöne Theorie«, meint Yang Saing Koma, Leiter der landwirtschaftlichen Entwicklungsorganisation CEDAC, die Mitglied ist des NGO Forum on Cambodia – einem Partner MISEREORs und des EED. Koma verweist auf die bedrückende Realität: Da seien zunächst schwerwiegende Gefahren für die Umwelt – wenn etwa Investoren intensiv Reis produzieren. »Wer, mit Hilfe von Bewässerungssystemen, in der Trockenzeit eine zweite und dritte Ernte erzielen will, greift zwangsläufig auch zu Dünger und Pestiziden, die unser Wasser belasten – das Wasser des Tonle Sap-Sees insbesondere, dessen Fischbestände 70 Prozent des kambodschanischen Proteinbedarfs decken. Außerdem begünstigt das Roden von Wäldern für den Reisanbau die Bodenerosion und gefährdet so zusätzlich den Lebensraum der Fische.« Die enge Verbindung von Reisanbau und Fischerei in Kambodscha funktioniere nur in einem intakten Ökosystem, warnt der Agrarexperte. Eine an kurzfristigem Profit orientierte Plantagenwirtschaft könne dies Ökosystem rasch zerstören.

Enorm bedroht durch das *land grabbing* in Kambodscha ist auch der Regenwald des Landes, erklärt mir Manfred Hornung. Der Jurist war früher Berater der Menschenrechtsorganisation LICADHO; heute leitet er das Büro der Heinrich-Böll-Stiftung in Phnom Penh. Schon die Roten Khmer, berichtet er, finanzierten ihren Bürgerkrieg durch den Verkauf von Edelhölzern nach Thailand. Später setzten die Armee, korrupte Forstfunktionäre sowie thailändische und malaysische Holzfirmen den Raubbau fort – mit schwerem Gerät und in atemberaubendem Tempo. Erst 2002 annullierte die Regierung – unter massivem Druck der internationalen Gebergemeinschaft – sämtliche Konzessionen für den Holzeinschlag. Das Moratorium gilt offiziell bis heute und bremste den Waldschwund für eine Weile.

In den neuerdings vergebenen wirtschaftlichen Landkonzessionen jedoch sehen deren Inhaber eine Lizenz, nun auf »ihrem« Land erneut Wald einzuschlagen; sie wollen es – angeblich – bereit machen für den Anbau von Feldfrüchten oder Gummibäumen für den Export. Viele Konzessionen indes, glaubt Manfred Hornung, haben die Verwertung des Waldes als einzigen Zweck.

Besonders besorgt zeigen sich denn auch Hornung und kambodschanische Umweltschützer darüber, dass die Regierung in jüngster Zeit wirtschaftliche Landkonzessionen vor allem in ausgewiesenen Schutzgebieten erteilt – für 251.000 Hektar allein 2011; für weitere 40.000 Hektar im Januar und Februar 2012. Zwei Beispiele:

- Im Nordosten erstreckt sich über die Provinzen Stung Treng und Ratanakiri auf 33.500 Hektar der Viracey-Nationalpark – mit zahlreichen Elefanten, Antilopen und seltenen Vögeln. Hier hat der Geschäftsmann Try Pheap eine Lizenz zum Kautschukanbau erhalten. »Tage nach Erteilung der Konzession«, berichtet Hornung, »besuchte ich den Park. Da hatten 40 Arbeiter des Senators Try Pheap bereits mit dem Abholzen begonnen.«
- In der Provinz Koh Kong liegt am Golf von Thailand der 170.000 Hektar große Botum Sakor-Nationalpark; er besteht großenteils aus jungfräulichem Wald. 56 Prozent dieses Parks hat sich Senator Ly Yong Phat gesichert, um dort mit einem chinesischen Partner ein Milliardenprojekt aus dem Boden zu stampfen: ein Urlaubsparadies mit Hotels, Golfplätzen und einem Casino; mit einem Flug- und einem Meereshafen.

1990 bedeckte Regenwald 73 Prozent Kambodschas; 2010 waren es noch 57 Prozent; sehr bald wird – befürchten Umweltschützer – die Hälfte des Landes abgeholzt sein. Betroffen davon sind, neben dem Klima weltweit, vor allem die Ureinwohner Kambodschas. Sie verlieren das Land, auf dem sie jagten, Wanderfeldbau betrieben und Produkte des Waldes sammelten – das »Chor Tuk«-Harz des »Dipterocarpus«-Baums, zum Beispiel, mit dem sie Fußböden, Boote und Möbel imprägnieren.

Gesetze, die niemand durchsetzt

Seit 2003 waren – nach Erhebungen LICADHOs – allein in zwölf der insgesamt 24 Provinzen Kambodschas insgesamt 400.000 Menschen von Landkonflikten betroffen. Viele von ihnen wurden vertrieben aus

Abb. 20: Ureinwohner – Ihr Lebensweise im Wald Kambodschas ist bedroht durch Agrarinvestoren. Abb. 21: Waldprodukte – Die Ureinwohner ernten, in geringem Umfang, Holz, Bambus und – teils sehr dekorative – Palmblätter.

Wäldern, die sie seit Generationen nutzten; von der Scholle, die sie seit Jahrzehnten bewirtschafteten. »Fast immer sind die Bauern und Indigenen völlig überrascht, wenn die Bulldozer und Soldaten kommen«, berichtet Manfred Hornung. »In den juristischen Prozess der Landvergabe waren sie nie einbezogen; später bekommen sie – wenn überhaupt – eine äußerst karge Entschädigung und weit schlechteres Land, als sie hatten. Kurz, sämtliche Vertreibungen waren, soweit ich es beurteilen kann, nicht nur menschenrechtswidrig, sondern auch nach kambodschanischem Recht illegal.«

Die gesetzliche Regelung von Landeigentum ist etwas relativ Neues in Kambodscha. Bis in die 70er Jahre waren fast alle Bauern Subsistenzbauern; sie nutzten nach traditionellen Regeln gerade so viel Land, wie sie brauchten, um ihre Familie zu ernähren. Zwischen 1975 und 1979 enteigneten die Roten Khmer alles Land und vernichteten alle Dokumente, die Details der Landnutzung enthielten. Damals flohen viele Bauern ins Ausland, aus dem sie erst in den 80er Jahren zurückkehrten.

Seit dann wieder privates Landeigentum zugelassen wurde, gilt de facto das Recht des Stärkeren – wenngleich im Laufe der Zeit Gesetze erlassen wurden. So bestimmt das Landgesetz von 2001, dass Menschen, die am 31. August 2001 mindestens fünf Jahre auf einem Stück Land gelebt haben und einige weitere Bedingungen erfüllen, ein Recht auf Eigentum an diesem Land besitzen. Das Gesetz sieht auch ein nationales Kataster vor, in dem rechtmäßige Eigentümer von Land registriert werden. Ein von vielen Gebern, darunter Deutschland, finanziertes Land Management Administration Project (LMAP) vergab zwischen 2002 und 2009 insgesamt 1,3 Millionen Landtitel.

»Leider wurden im Rahmen des LMAP nur Titel für nicht umstrittenes Land vergeben«, kritisiert LICADHO-Anwalt Chin Lyda. Rechtlich ungeklärt dagegen ist bis heute das Eigentum an Flächen, mit denen wirtschaftliche Interessen verbunden sind – Flächen mit wertvollem Baumbestand; Flächen, die interessant sind für den Anbau von Zucker und Kautschuk oder für den Bau von Ferienanlagen, Apartment- und Bürogebäuden.

Im kambodschanischen Landgesetz von 2001 steht auch, dass Land ausschließlich im öffentlichen Interesse enteignet werden darf – gegen faire Entschädigung. Keinesfalls darf Land enteignet werden, um wirtschaftlichen Landkonzessionen für private Nutzer den Weg zu ebnen. Solche Konzessionen dürfen überdies maximal 10.000 Hektar umfassen; und es muss – nach einem Dekret von 2005 – vor Vergabe einer Konzession die betroffene Bevölkerung konsultiert werden; ihre auf das Land bezogenen Ansprüche auf Eigentum und Nutzung sind zu prüfen, desgleichen die soziale und ökologische Verträglichkeit der Projekte.

»Gute Gesetze, ausgearbeitet mit deutscher Unterstützung«, sagt Manfred Hornung. »Das Problem ist: Wer setzt diese Gesetze durch? Kambodschas Gerichte können Sie da vergessen. Ich kenne nicht einen Landkonflikt, wo vor Gericht arme Landbesitzer gegen einen Großinvestor obsiegt haben. Ich kenne keinen Fall, wo durch ein Gericht eine Konzession wirksam aufgehoben, Land zurückgegeben oder den Leuten eine faire Entschädigung zuerkannt wurde.«

Die Ursachen liegen in autoritären Herrschaftsstrukturen und in verbreiteter Korruption, die die Kambodschaner puk ruluoy, »morsches Holz«, nennen. Für Transparency International zählt Kambodscha zu den korruptesten Ländern der Welt. »Und die Gerichte«, sagt Hornung, »sind die korruptesten Institutionen im Lande.«

Traumatisiert und wehrlos

»In Kambodscha herrscht das Gesetz des Dschungels«, bestätigt der französische Historiker Henri Locard in Phnom Penh. Und der in diesem Dschungelkampf hoffnungslos unterlegene »typische« Kambodschaner taumle unsicher durch die Gegenwart. Wer ist er, woher kommt er – frage er sich. »Ist er Erbe jener stolzen Zivilisation von Angkor oder Erbe der blutrünstigen Roten Khmer? Soll er den bunten Lichtern städtischer Moderne folgen oder eher sein Bauerntum verteidigen, das ihn über Jahrtausende ernährt hat? Soll er sich gütig auftretenden christlichen Sek-

Abb. 22: Vertreibung – Die Hütten dieser Menschen wurden von Soldaten niedergebrannt. Abb. 23: Traumatisiert – Ältere Kambodschaner leiden bis heute unter dem Terror der Roten Khmer.

ten anvertrauen oder sein Ich in jenem so spezifisch kambodschanischen Synkretismus aus Buddhismus, Hinduismus und Animismus suchen, der bis vor wenigen Jahrzehnten die Identität der Khmer bestimmte?«

Existentielle Unsicherheit und Wehrlosigkeit der Kambodschaner erreichten ihren Höhepunkt, meint Locard, als die Roten Khmer die Intelligenz des Landes vernichteten, während das Ausland wegschaute; als anschließend jene Cliquen das Land übernahmen, die den tagtäglich hart Arbeitenden kaum das Überleben zu gönnen scheinen. »Um die tiefsitzenden Traumata und die Wehrlosigkeit der Menschen ein wenig zu erfassen, sollten Sie sie in ihren Dörfern besuchen«, sagte Locard zum Abschied.

Ich besuche das Dorf Kilo Sam Brambai nahe der Stadt Battambang im Westen Kambodschas: grasgedeckte Hütten, umgeben von Zäunen aus Ästen; Hühner, Hunde, Schweine. Ein Kiosk offeriert Süßigkeiten, Seife, Schuhbänder; darüber prangt auf hellblau gestrichenem Blech der Name der Regierungspartei CPP. Eine gebeugte alte Frau trägt Holzkohle und Mais vorbei – in zwei an einer Stange über ihre Schultern hängenden Körben; *lang tik* heißt die Tragevorrichtung hier, »das Vietnamesische«.

Auf einer Plane zwischen den Hütten sitzen mit ernsten Gesichtern mehrere Männer und Frauen. »Für drei Jahre, acht Monate und 20 Tage lebten wir in einem Gefängnis ohne Wände«, beschreibt der Dorfälteste Pat Pung die Zeit der Roten Khmer. »Niemand besaß Eigentum – keine Uhr, keine Schuhe, keinen Topf zum Kochen. Das Gemüse, das wir anpflanzten, durften wir nicht essen – und auch nicht die Kokosnüsse, die auf unseren Palmen wuchsen. Wie Hunde bekamen wir nur einmal täglich etwas Reis im Blechnapf. Die Soldaten der Roten Khmer aber aßen, was sie wollten; sie töteten, wen sie wollten. Schüler, Studenten, Lehrer, Ärzte; jeder, der lesen und schreiben konnte, musste sterben. Elf Kilometer von hier, beim Dorf Chiav, lag die Hinrichtungsstätte. Dort wurden all die Menschen erschossen und von Bulldozern in Massengräber geschoben.«

Mit zitternder Stimme berichtet Pat Pung von einem Nachbarn, den sie in den örtlichen buddhistischen Tempel schafften und, wie 30 andere, mit Fußketten an eine lange Stange fesselten. Die Fenster des Tempels waren zugenagelt; kein Lichtstrahl drang hinein. Kurz bevor die vietnamesischen Befreier kamen, warfen Bewacher Handgranaten in den Tempel.

Später führte der gestürzte Diktator Pol Pot aus dem Dschungel heraus Bürgerkrieg gegen die neue, von Vietnam eingesetzte Regierung. Und das Dorf Kilo Sam Brambai lag mitten im Kampfgebiet. Immer wieder mussten die Bewohner fliehen und fanden, wenn sie zurückkehrten, ihre Häuser niedergebrannt, die Felder vermint. Pain Ti – ein schmächtiger, vielleicht 60jähriger Mann, zeigt mir mit niedergeschlagenen Augen seine Prothese am rechten Bein, eine tiefe Narbe am linken. »Ich lief gerade Nachbarschaftspatrouille um unser Dorf herum, als mir ein Freund von einem merkwürdigen Gegenstand auf seinem Feld berichtete. Ich ging dorthin und trat, etwas leichtsinnig, gegen das Objekt. Eine Sekunde später hatte ich mein rechtes Bein verloren; ich konnte froh sein, dass

Abb. 24: Verzweifelter Protest – Aber die von Vertreibung bedrohten Bauern haben keine Chance gegen das Militär.

meine Nachbarn mich fanden und ins Krankenhaus nach Battambang brachten, bevor ich verblutet war.«

Wie in Kilo Sam Brambai sind auch im Dorf Meanchey im Nordosten die Seelen der Menschen bis heute wund vom Terror der Steinzeitkommunisten. Die Menschen haben Angst, sind aber dennoch nicht bereit, sich alles gefallen zu lassen. »Anfang der 80er Jahre ließen wir uns wieder nieder im Wald unserer Ahnen«, berichtet Saroen Keth. »Hier hat noch mein Großvater mit einem Tiger gekämpft.«

Als die Bulldozer kamen und der Distriktsgouverneur nur beschwichtigte, legten sich schließlich 300 Männer, Frauen und Kinder vor die Bulldozer. »Noch am selben Tag erstattete die Firma Strafanzeige gegen vier von uns – wegen Nötigung, Raubes und Sachbeschädigung. Wir hätten ein Zelt der Arbeiter geplündert und niedergerissen, sagte der Richter. Fotos, die zeigten, wie die Arbeiter selbst ihr Zelt abbauten, wollte der Richter nicht sehen und beschuldigte uns auch noch, eine ungenehmigte Demonstration veranstaltet zu haben. ›Wir haben nicht demonstriert‹, sagte ich daraufhin. ›Wir haben nur die Firma gebeten, von unserem Land zu verschwinden.‹ Am Nachmittag nach dem Gerichtstermin wollten uns Polizisten abholen, vor denen wir gerade noch in den Wald fliehen konnten.«

Verzweifelter Protest, gegen den die Herrschenden vielerorts noch brutaler vorgehen als in Meanchey, auch in jüngster Zeit: Am 18. Januar 2012 blockierten im Bezirk Snuol der Provinz Kratie 200 Bauern Bulldozer der Firma TTY Co. Ltd.; ohne Vorwarnung eröffneten Sicherheitskräfte der Firma mit AK-47 das Feuer und verletzten mindestens vier Personen. Am 16. Mai 2012 erschossen Soldaten ein 15jähriges Mädchen, als sie das Dorf Proma in der Provinz Kratie stürmten. Angesichts solcher Vorfälle ziehen immer wieder aufgebrachte Bauern nach Phnom Penh und demonstrieren vor dem Parlament; immer wieder schließlich verbrennen sich Verzweifelte – ein ultimatives Fanal.

Vertrieben für ein Einkaufszentrum

Nicht nur von Ackerland werden in Kambodscha Menschen vertrieben. Das erfahre ich, als ich – bei strömendem Gewitterregen von Phnom Penh aus 30 Kilometer weit nach Westen fahre. Eine halbe Stunde dauert die Fahrt; dann erblicke ich, unweit einer Textilfabrik, eine kleine Siedlung: Verschläge aus Plastikplanen und Brettern; darunter, Schränke, Kerosinherde, durchweichte Matratzen; es riecht nach Urin, Fäkalien und Schimmel. Kinder sitzen mit leerem Blick am Boden; einige Erwachsene versuchen, eine losgerissene Plane neu zu befestigen.

»Wir sind nicht freiwillig hier«, sagt die vielleicht 25jährige Od Jah, die völlig durchnässt vor den Trümmern ihres Verschlags sitzt. »Wir hatten ein ganz ordentliches Haus im Stadtviertel Dey Krahom, am Tonle Sap-Fluss«, sagt die Mutter von sechs Kindern. »Dann aber wollte eine

Abb. 25: Zuhause – auch solche aufwendig gebauten Bauernhäuser fallen oft den Bulldozern der Investoren zum Opfer.

Firma in Dey Krahom ein Einkaufszentrum und Apartments bauen.«

Einige Monate verhandelte die Firma mit den Bewohnern, die sich weigerten, ihre zum Teil schon vor 20 Jahren gebauten Häuser zu verlassen. Dann, in einer Januarnacht, »tauchte um zwei Uhr früh Polizei auf. Kurz darauf kamen Arbeiter. Die rissen mit schwerem Gerät unsere Häuser einfach nieder. Viele von uns hatten nicht einmal Zeit, ihre persönlichen Dinge aus den Häusern zu holen; sie verloren ihr ganzes Hab und Gut.« Heute, berichtet Od Jah, fährt ihr Mann montags 30 Kilometer in die Stadt, arbeitet dort auf dem Bau und kommt samstags mit sieben oder acht Dollar heim.

»Die Vertreibung von Dey Krahom war ganz klar illegal«, empört sich Menschenrechtler Chin Lyda. »Die Eigentumsansprüche der Bewohner waren nicht geprüft worden; für die Räumung gab es keinen Gerichtsbeschluss, sondern nur eine Anordnung der Verwaltung; niemand hatte überdies die Bewohner vorab informiert und ihnen Gelegenheit gegeben, alternative Unterkünfte zu suchen und dort ihre Möbel zu lagern.«

Dey Krahom ist kein Einzelfall. Im Gegenteil: Wie auf dem Land häufen sich auch in den Städten Phnom Penhs Landraub und Vertreibungen. »Allein in Phnom Penh sind seit dem Jahr 2000 rund 100.000 Menschen vertrieben worden«, sagt Lyda. In der Regel wurde so Platz geschaffen für private Bauprojekte – für Apartmentkomplexe, Bürohochhäuser und Einkaufszentren. »Oft sind Menschen betroffen, denen der Boden, von dem sie verjagt werden, juristisch gehört; oft auch Bauern, die gerade erst von ihrem Ackerland vertrieben wurden.«

Das derzeit spektakulärste Beispiel städtischer Massenvertreibung spielt sich am Boeung Kak-See ab – einem flachen Gewässer mitten in Phnom Penh. Hier siedelten sich ab den 60er Jahren Zuwanderer an – Fischer, Bauern, Kleinhändler. 2008 lebten 20.000 Menschen im und am Boeung Kak-See – in der Hoffnung, bald offizielle Landtitel zuerkannt zu bekommen. 2007 jedoch erhielt die Firma Shukaku, ein *joint venture* zwischen einem CPP-Senator und einem chinesischen Unternehmen, eine für 99 Jahre gültige Landkonzession – verbunden mit der Lizenz, hier ein neues Stadtviertel zu errichten. Unmittelbar darauf begannen, geschützt von Soldaten, Maschinen, den See und die Siedlungen mit Sand zuzuschütten – ohne Rücksicht, einmal mehr, auf die Eigentumsrechte der Bewohner. Die Regierung bot zwar bescheidene Entschädigungen und Ersatzwohnungen in der Provinz an; 10.000 Bewohner des Boeung Kak-Sees aber wiesen dies als Almosen empört zurück und weigern sich bis heute, das Gebiet des Sees zu räumen – trotz andauernden Drucks und schwerer Übergriffe seitens der Sicherheitskräfte.

Wegen ihres offensichtlich illegalen und menschenrechtswidrigen Vorgehens am Boeung Kak-See steht Kambodschas Regierung inzwischen unter starkem internationalem Druck; so hat die Weltbank im August 2011 ihre Kreditvergabe an das Land ausgesetzt. Im Mai 2012 machte die Regierung zwar minimale Konzessionen und gab rund zwölf Hektar des Sees den Bewohnern zurück; am 22. Mai 2012 jedoch löste

Abb. 26: Vertriebenenlager – Zehntausende städtische Vertriebene werden im Niemandsland sich selbst überlassen.

Militärpolizei einmal mehr eine Demonstration dort auf: 18 Familien hatten sich vor ihre mit Sand zugeschütteten Häuser gesetzt, protestiert und gesungen. Die Polizei verhaftete 13 Frauen, darunter eine 72jährige; sämtliche Frauen wurden zwei Tage später zu zweieinhalb Jahren Gefängnis verurteilt und sofort in Haft genommen.

Die Mitverantwortung der Europäer

Kambodschas Zivilgesellschaft hat es schwer, Widerstand gegen die Vertreibungen im Lande zu organisieren. Die meisten Menschen sind zutiefst verängstigt; über aktiven Menschenrechtlern und Journalisten schwebt stets das Damoklesschwert staatlicher Repression. Ein Mitarbeiter der Menschenrechtsorganisation LICADHO saß bis vor Kurzem im Gefängnis; der Umweltschützer Chut Wutty wurde am 26. April 2012 von Militärpolizisten erschossen, als er in der Provinz Koh Kong das illegale Abholzen von Palisander dokumentieren wollte.

»Vor diesem Hintergrund stände es Deutschland und der EU gut an, klare Zeichen zu setzen gegen den Landraub in Kambodscha«, sagt mir am Ende unseres Gesprächs Manfred Hornung, der das Büro der Heinrich-Böll-Stiftung in Phnom Penh leitet. »Deutschland und die EU sollten sich, als führende Entwicklungshilfegeber im Landsektor, hier deutlich positionieren.«

Seit 2001 gibt es die EU-Initiative Everything but Arms (EBA), nach der die ärmsten Länder der Erde, unter ihnen Kambodscha, all ihre Produkte zoll- und quotenfrei in die EU exportieren dürfen – außer Waffen. Die EBA-Initiative, die Entwicklung fördern soll, sorgt – so Hornung – mancherorts für das Gegenteil: So ließen sich in Kambodscha mehrere Firmen, kontrolliert zumeist von Senator Ly Yong Phat, Landkonzessionen für den Anbau von Zucker auf insgesamt 90.000 Hektar ausstellen. Von 5.000 Hektar für Ly Yong Phat lizenzierten Landes vertrieben dann im Mai 2006 private Sicherheitskräfte, Polizei und Militär 459 Familien, rund 3.000 Menschen.

»Diese Vertreibung war gleich mehrfach illegal«, sagt Manfred Hornung. »Viele der Menschen hatten auf dem Land seit Jahrzehnten gelebt und besaßen deshalb rechtliche Ansprüche auf das Land. Die Vertreibung diente weiterhin, illegalerweise, ausschließlich Privatinteressen; vorschriftswidrig gab es kein Gutachten über die soziale und ökologische Verträglichkeit des Projekts; und die Menschen waren vor der Vertreibung nicht konsultiert worden – mal abgesehen davon, dass der Senator, notdürftig kaschiert, weit mehr als die gesetzlich erlaubten 10.000 Hektar Konzessionsfläche kontrolliert.«

Dessen ungeachtet exportieren Ly Yong Phats Firmen bis heute ihren »bitteren Zucker« zu EBA-Vorzugskonditionen in die EU – trotz massiver Proteste aus der kambodschanischen Zivilgesellschaft und dem Europäischen Parlament. »Die EU«, meint Hornung. »sollte endlich gut gemeinte Wirtschaftsförderung im Kontext auch der lokalen Menschenrechtssituation sehen.« Und man solle sich auch nicht von scheinbaren Zugeständnissen täuschen lassen. So hat Kambodschas Premier Hun Sen im Mai 2012 ein vorübergehendes Moratorium bei der Vergabe agroindustrieller Landkonzessionen verkündet. »Damit will er wohl Punkte bei den landesweit anstehenden Gemeinderatswahlen machen.«

Im nordostkambodschanischen Dorf Meanchey bekräftigte der Dorfälteste Saroen Keth immer wieder die Entschlossenheit der Steang, für ihren Wald zu kämpfen – während die vielleicht 80jährige Deu Skun Betelnussmasse in ihrem zahnlosen Mund hin und her schob. Schließlich spuckte Deu Skun den orange-roten Saft aus und führte mich in ihr Haus, wo drei junge Männer an metallenen Instrumenten übten.

»Mit diesen Instrumenten, den *Kong*, rufen wir unsere Geister, die *Netá* und *Areá*, die in den großen Bäumen sitzen und uns beschützen«, sagte Deu Skun. »Regnet es zu wenig, ist jemand krank oder wurde von einer Schlange gebissen, opfern wir den Geistern Küken, die wir zu ihnen die Bäume hinauflaufen lassen; und ist die Not sehr groß, opfern wir auch mal eine Kuh, spielen die ganze Nacht auf dem *Kong*, trinken Reiswein und tanzen, bis wir in Trance zu Boden fallen. Und am nächsten

Tag oder ein paar Tage später ist meist alles wieder gut. – Was aber sollen wir machen, wenn jetzt die Firma auch noch die letzten Bäume fällt und unsere *Netá* und *Areá* flüchten? Niemand mehr schützt uns dann; unsere Kühe und Büffel haben keine Weide mehr – und wir keine Reisfelder und keinen Wald, wo wir wilden Kautschuk sammeln, Pilze oder Rattan. Und unsere Kinder haben keine Zukunft mehr. Wir können nicht, wie die Khmer, in die Stadt ziehen. Wir sterben, wenn wir unseren Wald verlassen müssen.«

Abb. 27: Bauernkind – Wo und wovon wird das Mädchen einmal leben?

Argentinien
Von der Macht des veränderten Gens

An einem sonnigen Februarmorgen des Jahres 2012 verlasse ich das Städtchen Pampa del Indio, gelegen in der nordargentinischen Provinz Chaco. Entlang der nach Südosten, Richtung Resistencia, führenden Regionalstraße 3 sehe ich zunächst nur lichten Wald, Maisfelder, weidende Rinder und Pferde.

Nach wenigen Kilometern jedoch ist die Fahrt zu Ende. Ich halte, gezwungenermaßen, vor einer Barrikade quer über die Straße gelegter Baumstämme, auf denen junge Männer sitzen, einige mit Knüppeln in der Hand. »Buenos días, Señor«, sagt ein junger Mann in rotem T-Shirt freundlich. »Wir blockieren diese Straße, weil wir unser Land zurück haben wollen.« Der junge Mann stellt sich als Ramón vor und lädt mich ein ins Lager der Blockierer.

Im Schatten einiger Bäume haben sie Zelte aufgeschlagen; ein junges Pärchen liegt eng umschlungen in einem von Rost zerfressenen Auto; auf dessen Kühlerhaube trocknet Wäsche; auf einem Bett im Schatten eines Olivenbaums schnarcht ein alter Mann, während Frauen an provisorischen Kochstellen mit Töpfen und Schüsseln hantieren – ab und zu nach ihren schlafenden Babys schauend. Einige Kinder und Männer frühstücken vor der Ruine eines irgendwann mal weißgetünchten Häuschens, auf dessen Wänden blaue und rote Parolenfetzen – »Gringos«, »Juventud Kirchnerista« – verblassen.

Victor Gómez, der Sprecher der Blockierer, ist ein grauhaariger Hüne. Nach dem Frühstück schließt er sein blaues Jeanshemd und erklärt mir – mit finsterer Miene – die Sperrung der Regionalstraße 3:

»Wir hier vertreten 9.000 Menschen vom Volk der Qom. All diese Menschen müssen sich zur Zeit von insgesamt 9.000 Hektar karger Step-

Abb. 28: Entschlossen – Die Qom, geführt von Victor Gómez, wollen ihr Land zurück. Abb. 29: Straßenblockade – Hier kommt keiner durch, bis die Regierung nachgibt.

pe ernähren – was natürlich viel zu wenig ist. Viele von uns hungern; wir verlangen ultimativ, dass man uns das Land unserer Vorfahren, insgesamt 200.000 Hektar, endlich zurückgibt.«

Seit 20 Jahren stoße die Forderung der Qom bei der Provinzregierung auf taube Ohren, sagt Gómez, obwohl das Volk einen verbrieften Rechtsanspruch auf das Land besitze. Jetzt müsse man, um der Forderung Nachdruck zu verleihen, andere Saiten aufziehen: »Kürzlich haben einige von uns tausend Hektar Land besetzt, auf dem eine Firma Soja anbaut. Die Firma holte dann die Polizei, die unsere Hütten auf dem Land mit Bulldozern niederwalzte. Deshalb blockieren wir seit nunmehr sieben Tagen diese Straße; und wir bleiben hier, bis uns die Provinzregierung echte Zugeständnisse macht.«

Mehr als 20 Familien, vom Kind bis zum Greis, wollen ausharren – komme, was da wolle. »Sicher, es ist schon strapaziös, vom Regen durchnässt zu werden und nachts kaum zu schlafen. Aber wir halten durch – unterstützt von den Menschen in den umliegenden Dörfern. Gestern Abend, zum Beispiel, haben uns 400 von ihnen besucht. Reis, Bohnen und mehrere Ziegen hatten sie mitgebracht; und sie versicherten uns ihrer Solidarität – auch für den Fall, dass plötzlich bewaffnete Polizei hier auftaucht.«

Der Boom

Die Polizei müsste aus der nächstgelegenen Großstadt Resistencia einen Weg von mindestens drei oder vier Stunden zurücklegen. – Argentinien ist ein Land schier endloser Weite: mit 2,8 Millionen Quadratkilometern fast siebenmal so groß wie Deutschland, weniger als 40 Millionen Einwohner. Ein Land mit riesigen Weide- und Ackerflächen in der fruchtbaren Pampa des Zentrums; mit kargen Steppen in Patagonien und kargen Böden auch im Norden, im waldreichen Gran Chaco. Zum Chaco zählen auch der Nordwesten Paraguays und der Südosten Boliviens.

2001 war Argentinien pleite, schlimmer als ein Jahrzehnt später Griechenland, hat mir in Buenos Aires Juan Luis Díaz erzählt, Leiter der Organisation Fundapaz, eines Partners von MISEREOR und »Brot für die Welt«, der Kleinbauern und Indigene Argentiniens bei der Verteidigung ihrer Landrechte unterstützt. Viele Argentinier – erfahre ich – wollten damals nur noch auswandern.

Dann aber explodierte am Weltmarkt der Preis für die eiweißreiche Sojabohne, die in der Pampa Argentiniens seit längerem großflächig angebaut wird. Und der Preis steigt, wie die Nachfrage, bis heute: Schwellenländer wie China importieren gewaltige Mengen Sojamehl und -schrot als Futtermittel, weil wachsende Mittelschichten dort nicht mehr nur Reis und Gemüse, sondern auch Fleisch essen möchten; die EU kauft, neben Sojafuttermitteln, viel aus Sojaöl hergestellten Agrodiesel. Ende April 2012 erreichte der Weltmarktpreis für Soja einen neuen Höchststand.

Der argentinische Staat und die Agrarindustrie des Landes setzten von Beginn an voll auf den Sojaboom. Heute werden 19 Millionen Hektar des Landes mit Soja bebaut; das entspricht fast 60 Prozent seiner landwirtschaftlichen Nutzfläche oder der halben Fläche Deutschlands. Argentinien ist, nach den USA und Brasilien, der drittgrößte Sojaproduzent der Welt; das Land hat die weltweit größten Produktionsstätten für (aus Soja produzierten) Agrodiesel, der fast ausschließlich in die EU exportiert wird. 16 Milliarden US-Dollar pro Jahr erlösen die Sojaausfuhren insgesamt; kein Wunder, dass Buenos Aires weiter auf Expansion setzt: So soll die Produktion von Agrodiesel aus dem Nahrungsmittel Soja bis 2020 erneut um 300 Prozent steigen.

Der Sojaboom ist ein Segen für Argentinien – sagen die meisten Politiker des Landes. Der Sojaboom treibt Hunderttausende Argentinier ins Elend, er zerstört Wälder und Biodiversität, er vergiftet Mensch und Tier – sagen große Teile der Zivilgesellschaft, Bauern und Ureinwohner.

Abb. 30: Anspruchslos – Monsantos genveränderte Soja gedeiht auch auf den kargen Böden des Chaco. Abb. 31: Monokultur – Mehr als die Hälfte der argentinischen Agrarfläche ist inzwischen bedeckt von Sojaplantagen.

Ein Land am Tropf der Bohne

Der Sojaboom habe die großen Agrarunternehmen Argentiniens noch größer gemacht, erklärt mir Juan Luis Díaz. Er habe das Landeigentum weiter konzentriert. Und die großen Sojaproduzenten richteten ihren Betrieb gnadenlos auf hohen Ertrag aus.

Inzwischen werden 90 Prozent des argentinischen Saatguts vom Agrar- und Chemiekonzern Monsanto geliefert; das Saatgut ist gentechnisch so verändert, dass es das weltweit verbreitete Monsanto-Herbizid Roundup mit dem Wirkstoff Glyphosat verträgt; Herbizid und Saatgut wurden spezifisch aufeinander abgestimmt. Über die mit großflächigem Glyphosat-Einsatz verbundene Gefährdung von Menschenleben haben mir später andere Experten berichtet.

Der Sojaboom, erläutert Díaz weiter, hat auch dazu beigetragen, dass die meisten Großgrundbesitzer Argentiniens ihr Land heute nicht mehr selbst bewirtschaften; sie haben es – für bis zu 30 Prozent der Ernteerlöse – an Investmentfonds verpachtet, die hier »pools de siembra« genannt werden. Fachleute solcher Fonds bewirtschaften heute Hunderttausende Hektar an Ackerland – mit einem Maximum an Hightech und einem Minimum an Arbeitskräften.

Dessen ungeachtet meinen auch Anwälte der armen Landbevölkerung wie Díaz, dass die Sojaproduktion in großem Stil Argentinien wirtschaftlich durchaus Vorteile bringt. Die Spezialisierung auf den Hightech-Sojaanbau hat zwar im Agrarsektor die Zahl sowohl der Betriebe als auch der Arbeitsplätze verringert; andererseits verdient Argentiniens Volkswirtschaft sehr gut an der Sojaproduktion. Diese erwirtschaftet hohe Devisen- und Steuereinnahmen; und in der mit dem Agrarsektor verbundenen Industrie sind viele neue Jobs entstanden – in Betrieben, beispielsweise, die landwirtschaftliche Maschinen herstellen und warten.

Hinzu kommt: Nur mit den erwähnten Steuereinnahmen kann Argentiniens Regierung ihre seit einigen Jahren gewährten Sozialleistungen finanzieren. Die Asignación Universal Por Hijo etwa, eine Kombination aus Sozialhilfe und Kindergeld, kommt vor allem einkommensschwachen Kleinbauern und Landarbeitern sowie Indigenen, Ureinwohnern, zugute.

Auf der Soll-Seite der argentinischen Sojawirtschaftsbilanz steht derweil eine rapide gewachsene Abhängigkeit von nur einem Exportprodukt:

- Das Ausland, allen voran China und die EU, kauft den größten Teil der Sojaprodukte; ein erneuter Verfall des Sojapreises würde unweigerlich in die nächste argentinische Staatspleite führen.
- Den Input für den Anbau von Soja – Saatgut, Dünger, Herbizide – liefern fast ausschließlich ausländische Konzerne wie Monsanto und Syngenta sowie chinesische Hersteller von Nachahmerprodukten.
- Auch bei Sojaproduktion, -verarbeitung und -export spielt ausländisches Kapital eine gewichtige Rolle. Größter Produzent ist zwar bis heute die argentinische Grupo los Grobo; immer mehr internationale Investoren jedoch bemühen sich erfolgreich um Land für den Anbau von Soja und anderen Agrarprodukten. Erstes Beispiel: 2010 verhandelte der chinesische Konzern Beidahuang mit der Regierung der Provinz Rio Negro über das Recht, auf 320.000 Hektar Soja, Mais und andere Produkte anzubauen. Seit ein Gericht dies untersagte, kooperiert Beidahuang mit dem einheimischen Konzern Cresud bei der Akquisition von Ackerland. Zweites Beispiel: Im Februar 2011 unterzeichneten Vertreter der saudi-arabischen Firma Al-Khorayef ein Abkommen mit der Regierung der Provinz Chaco. Danach darf die Firma auf 200.000 Hektar Land, wo bislang vorwiegend Wald wächst, Produkte für den saudi-arabischen Markt anbauen. An den *pools de siembra* ist ausländisches Kapital derweil – direkt, indirekt, verdeckt – in unbekanntem Ausmaß beteiligt.
- Den Export und die Weiterverarbeitung von Soja schließlich dominieren ausländische Konzerne wie das kanadische Getreide-Unternehmen Cargill sowie der US amerikanische Agrargüterverarbeitungskonzern Archer-Daniels-Midland (ADM).

Die von ausländischen Kräften dominierte Sojagroßproduktion okku-

Abb. 32: Sojaprofiteure – Viele Großgrundbesitzer verpachten ihr Land an Agrarunternehmen und fahren Jacht auf dem Rio de la Plata.

piere unendlich viel Land; sie habe die Produktion von Weizen und Mais sowie die Viehzucht teilweise verdrängt, berichtet Juan Luis Díaz. Das gefährdet zwar nicht die nationale Ernährungssicherheit Argentiniens, aber die Nahrungsmittelpreise steigen – die Preise insbesondere für Fleisch, das das Land jetzt zum Teil aus Brasilien importiert.

Die Ernährungssicherheit indigener Gruppen, die sich von ihrem Land ernähren, wird derweil durchaus beeinträchtigt. U. a. deshalb sieht auch die nationale Regierung unter Präsidentin Cristina Fernández de Kirchner die Abhängigkeit vom Sojaexport mit wachsendem Unbehagen. 2008 verlor Kirchner einen Konflikt mit der Sojaindustrie um die Erhöhung von Exportsteuern; 2011 setzte sie eine gesetzliche Begrenzung des ausländischen Anteils in der Landwirtschaft auf 20 Prozent durch. Dass dieses Gesetz etwas ändert, bezweifeln die meisten Experten. Der offen sichtbare Anteil von Ausländern liegt ohnedies nur bei zehn Prozent; der verdeckte Anteil ist schwer zu kontrollieren.

Das Ende des Zirpens

Der Bauer Julio Fernández – ein stattlicher älterer Mann, bekleidet mit Jeans, einem gelben Hemd und blauer Schildkappe – blickt melancholisch in die Ferne. Dabei ist Julio kein armer Mann: Im Dorf Campo Nuevo nahe der Chaco-Stadt Pampa del Indio besitzt er einen schönen Hof: ein großes Haus aus roten Ziegelsteinen, 30 Rinder, Hühner, Ziegen.

Von seinem Hof aus führt mich Julio, ein Mann vom Volk der Qom, in den nahen Wald, den sie hier den »undurchdringlichen Wald« nennen. Urplötzlich bin ich von dichtem Unterholz zwischen zehn Meter hoch ragenden Bäumen umgeben, erblicke immer neue Blüten in leuchtendem Gelb, Rot oder Blau; fremdartige Kakteen, Sträucher und Stauden; lausche dem verwirrenden Zirpen zahlloser Vögel und Insekten. Nur ein vom Wind herbei getragenes leises Heulen von Lastwagenmotoren zerreißt immer wieder das Gefühl vollkommenen Aufgehobenseins in der Natur. Drüben, auf der anderen Seite von Campo Nuevo, erzählt mir Julio, erstrecken sich endlos weit Baumwoll- und Sojafelder.

»Die Artenvielfalt in den Wäldern des Chaco ist äußerst reich und noch längst nicht komplett erforscht«, hat mir Ana Álvarez, Agraringenieurin und Leiterin der Bürgerrechtsorganisation Asociana gesagt. Der Chaco – Nordostargentinien, Nordwestparaguay, Südostbolivien; eine Fläche fünfmal so groß wie Deutschland – war lange uninteressant für große Agrarunternehmen: zu karge Böden, die in ihrem ökologischen Gleichgewicht abhängen von den auf ihnen wachsenden Wäldern, der zweiten großen Waldfläche Südamerikas nach dem Amazonas-Regenwald.

Argentiniens Hauptanbaugebiet für Soja und Getreide ist denn auch bis heute die Pampa in der Mitte des Landes. Hier, zwischen den Provinzen Buenos Aires und Córdoba, liegen über 80 Prozent der Sojapflanzungen. Vor gut einem Jahrzehnt jedoch entdeckten die Agrarunternehmer, dass Monsantos anspruchslose genveränderte Soja – reichlich gedüngt und mit Pestiziden geschützt – auch auf kargen Böden gedeiht. In atemberaubendem Tempo wird seitdem auch der Chaco »sojaisiert«; und die Wälder müssen weichen.

Nein, der Raubbau an den Wäldern des Chaco sei kein völlig neues Phänomen, hat mir Ana erklärt. Schon vor hundert Jahren, als Eisenbahnlinien in die Region gebaut wurden, haben viele Bäume dran glauben müssen. Der Wald schwinde jedoch wesentlich schneller heute, da Millionen Hektar zugunsten der Sojabohne, weiterer Kulturen und der Viehzucht abgeholzt werden. »Die Unternehmen selektieren die größten Bäume als Möbel- und Bauholz; den Rest schieben sie mit schwerstem Gerät zusammen und verbrennen das Holz.« Nach Schätzungen wurden zwischen 1937 und 1987 etwa zwei Millionen Hektar Wald im Chaco vernichtet, von 1987 bis heute über sieben Millionen Hektar. Mit ihrem von »Brot für die Welt« unterstützten Team hat Ana die beispiellos rabiate Waldvernichtung mithilfe von Satellitenbildern, Luftaufnahmen, Karten und Informationen aus den Dörfern dokumentiert.

Die Folgen sind dramatisch: Die Biodiversität im Chaco hat drastisch abgenommen; viele Wildkatzen, Gürteltiere und Reptilien sind verschwunden; die nicht mehr vom Wald genährten Böden sind biologisch verarmt und erodieren vielerorts. Heute gedeiht auf den abgeholzten Flächen fast nur noch Monsantos Gentech-Soja am Tropf der Monsanto-Agrarchemikalien; die Erosion führt zu in der Region bislang unbekannten Naturkatastrophen: In der Stadt Tartagal (Provinz Salta) etwa blockierten im Februar 2009 von entwaldeten Hängen herabgeschwemmtes Erdreich und entwurzelte Bäume einen Fluss; das führte zum Aufstauen des Wassers und letztlich zu einer riesigen Schlammlawine, die durch den Ort raste und zahlreiche Häuser sowie eine Brücke zerstörte.

Als besonders bedrohlich gilt auch die Situation in der Provinz Córdoba, wo die Pampa in den Chaco übergeht. Hier werden derzeit pro Jahr fast drei Prozent des Waldes vernichtet, während es in ganz Argentinien »nur« 0,8 Prozent sind. Inzwischen fließt in den Hügel- und Bergregionen der Provinz das Regenwasser viel zu schnell ab; Quellen versiegen,

Abb. 33: Bedrohte Natur   Immer mehr »undurchdringlicher Wald« im Chaco muss der Sojamonokultur weichen. Abb. 34: Vernichtung – Um Platz zu machen für Soja, wird der Wald des Chaco im industriellen Maßstab niedergewalzt und verbrannt.

Flussläufe und Talsperren füllen sich mit immer mehr Erdreich, aber immer weniger Wasser; Fischbestände sinken. Anfang 2012 fiel dann der Wasserstand des – seit längerem durch Überdüngung und Algenblüten belasteten – La Quebrada-Stausees derart, dass erstmals seit Menschengedenken das Wasser in mehreren Städten rationiert wurde.

Sorgen bereitet der Landbevölkerung in den entwaldeten Regionen des Chaco überdies, dass sich dort Pflanzenschädlinge und das Dengue-Fieber immer stärker verbreiten.

Der vergessene Völkermord

Als am schlimmsten betroffen von der Waldvernichtung im Chaco sieht Ana Álvarez die indianische Urbevölkerung Argentiniens. Rund 600.000 Indigene aus 25 Volksgruppen leben in Argentinien. »Die meisten lebten bis vor einiger Zeit als halbnomadische Jäger, Sammler und Fischer im Chaco«, berichtet Ana. »Je nach Saison hielten sie sich in bestimmten Regionen ihres Territoriums auf und bauten dort immer wieder neue Hütten – während der Trockenzeit in der Nähe der Flüsse, um dort zu fischen; zu feuchteren Zeiten in den Wäldern, um zu jagen. Diese Menschen kennen ihre Territorien sehr genau. Ihren Siedlungsplätzen und für sie bedeutsamen Orten im Wald geben sie sehr aussagekräftige Namen, die sich meist auf die Geschichte ihres Volkes an diesem Ort beziehen.« – Mit der Zeit sind die meisten Indigenen – um Schulen, Gesundheitsstationen und Kirchen besser erreichen zu können – sesshaft geworden. Viele jedoch nutzen bis heute in traditioneller Weise ihr Territorium.

Europäische Siedler in Argentinien ignorierten schon immer die Lebensweise und die territorialen Ansprüche der Urbevölkerung; sie nahmen deren Land einfach in Besitz, teilweise mit Gewalt. Viele Indigene kamen ums Leben, davon ist kaum etwas dokumentiert.

Zu den wohl schlimmsten Massenmorden an der Urbevölkerung zählt das Massaker von Rincón Bomba – begangen im Chaco erst vor wenigen Jahrzehnten und doch den meisten Argentiniern unbekannt. Auch ich erfahre von diesem Massaker erst, als ich in Resistencia das Büro der Organisation Incupo besuche. Diese von Bürgerrechtlern betriebene Organisation unterstützt lokale, kirchliche und freie Radiostationen; sie fördert nachhaltige Landwirtschaft und verteidigt die Rechte von Kleinbauern wie Indigenen.

Incupo-Mitarbeiter Juan Carlos Godoy stellt mir Juana Segundo und Pablo Ramón Cardoso vor, sie gehören zur kleinen Volksgruppe der Pilagá. Die Pilagá, insgesamt nur 6.000 Menschen, leben fast ausschließlich in der Provinz Formosa. Vor einigen Jahren haben sie die Föderation der Pilagá gegründet; diese soll die Öffentlichkeit über das dem Volk zugefügte Unrecht informieren und für dessen Landrechte kämpfen.

Juana und Pablo, beide um die 50, wirken scheu und ein wenig angespannt. Stockend beginnen sie von jenen schlimmen Geschehnissen des Jahres 1947 zu erzählen: Damals war Argentiniens legendärer Präsident Juan Domingo Perón gerade ein Jahr an der Macht; und es war offizielle Politik der Regierung, die Territorien der Indigenen zu öffentlichem Land zu erklären und die Ureinwohner selbst in kleinen *reducciones*, Reservaten, zu konzentrieren.

Damit kamen die sehr ihrer traditionellen Lebensweise verhafteten Pilagá nicht zurecht. Als sie ihr Territorium nicht mehr nutzen konnten, zog die ganze Volksgruppe von damals etwa 3.000 Menschen ziellos umher und strandete schließlich nahe der Stadt Las Lomitas – in einem Weiler namens Rincón Bomba.

Anfangs unterstützten lokale *criollos*, von Spaniern abstammende Kleinbauern, und eingewanderte Europäer die hungernden Ureinwohner mit Nahrungsmitteln; bald aber kam es zu Spannungen. Die Pilagá hätten sich um aus Buenos Aires geschickte Nahrungsmittel betrogen gefühlt, sagen einige der wenigen Augenzeugenberichte; und sie hätten die Bürger der Stadt erschreckt, indem sie nachts wilde Tänze aufführten, um die Regengötter zu beschwören. Gerüchte verbreiteten sich, dass die Indigenen die Stadt angreifen wollten.

»Schließlich, am 10. Oktober 1947, umzingelte mit Maschinengewehren bewaffnete Polizei das Lager unserer Vorfahren«, berichtet Pablo.

»Und aus einem Grund, den bis heute keiner kennt, begannen sie während der Nacht zu schießen.« 250 Pilagá lagen am Morgen tot zwischen den Überresten des zerschossenen Lagers.

Für das Massaker sollte es wohl keine Zeugen geben; und so begann eine einmonatige Jagd auf die Richtung Paraguay fliehenden Überlebenden. Bis zum 5. November 1947 töteten argentinische Polizisten insgesamt etwa 1.500 Pilagá – die Hälfte des Volkes; auch Pablos Großmutter wurde erschossen. Auf Drängen der Pilagá-Föderation wurden 2005 einige der damals angelegten Massengräber geöffnet. Sie beweisen, dass zahlreiche Pilagá noch Dutzende Kilometer von Rincón Bomba entfernt den Mördern in Uniform zum Opfer fielen.

»Das war ganz klar Völkermord«, sagt Juana leise. Nie aber kam ein Verantwortlicher vor Gericht; nie wurde von einer Entschädigung für die

Abb. 35: Traumatisiert – Stockend erzählt Juana Segundo vom fast vergessenen Völkermord an den Pilagá.

Pilagá oder gar von der Rückgabe ihres Territoriums auch nur gesprochen. Im Gegenteil: Noch jahrelang nahmen die Behörden den Angehörigen des Volkes alle Metallwerkzeuge weg – aus Angst, sie könnten sich damit an den Weißen rächen. Erst 2007, zum 60. Jahrestag des Massakers, wurde in Rincón Bomba ein Gedenkstein errichtet. Doch im Geschichtsunterricht der argentinischen Schulen kommt der Massenmord bis heute nicht vor.

»Auch nach 65 Jahren hat sich unser Volk von jenem Trauma nicht erholt«, berichtet Juana. »Die meisten von uns überleben mit Sozialhilfe, in Bretterhütten mit Plastikplanen am Rande der Städte Formosas.« Um diesem bedrückenden Leben zu entkommen, haben 2010 und 2011 einige hundert Pilagá 2.000 Hektar ihres alten Territoriums nahe der Stadt Las Lomitas besetzt – ein waldreiches Territorium, das noch nicht der Soja- oder Baumwollindustrie anheimgefallen ist. Die Landbesetzer leben vorerst vom Verkauf ihres Kunsthandwerks aus Palmblättern, Samen und Holz; sie jagen und sammeln ein wenig und wollen auch Mais anbauen. Die Kinder besuchen bilinguale Schulen, an denen es – nach dem Gesetz – zumindest einen Übersetzer geben muss, der die Sprache der jeweiligen Ureinwohner spricht.

»Aber da ist diese tief in uns sitzende Angst, dass sich das Böse wiederholen könnte«, sagt Pablo, zu Boden blickend. »Und immer, wenn Polizisten auftauchen, bricht die Angst aus uns heraus.« »Erst vor zwei Wochen kam ein Pickup voller Polizisten in unsere Siedlung«, berichtet Juana. »Sie wollten, dass wir irgendwelche Dokumente unterschrieben. Als wir uns weigerten, schrien sie uns an. Und meine Mutter, die die Flucht 1947 noch miterlebt hat, weinte danach die ganze Nacht.«

Eingekreist

»Heute steht – zumindest theoretisch – das Recht auf der Seite der indigenen Volksgruppen«, sagt Ana Álvarez. Sie sind gemäß der auch von Argentinien ratifizierten Konvention 169 der Internationalen Arbeits-

Abb. 36: Kunsthandwerk – Indigene wie die Pilagá verwandeln Palmblätter und Grashalme in praktische Gebrauchsgegenstände.

organisation (ILO) rechtmäßige Eigentümer des von ihnen traditionell bewohnten und genutzten Landes. Auch Argentiniens Verfassung von 1994 garantiert den indigenen Minderheiten in Artikel 75 den Besitz ihrer angestammten Territorien, das Recht auf ein Leben gemäß ihrer Kultur und einen bilingualen Schulunterricht.

Gute Bestimmungen, um die sich leider die Sojaindustrie und die mit ihr kooperierenden Provinzregierungen kaum kümmern – bei ihrer Erschließung des Chaco für die eiweißreiche Bohne. Typischerweise, erfahre ich, erinnert sich zum Beispiel ein Privatmann in Buenos Aires daran, dass sein Urgroßvater vor vielleicht hundert Jahren einen Eigentumstitel für ein großes Stück Land im Chaco erwarb – ein Stück Land, um das sich die Familie dann jahrzehntelang nicht kümmerte; wo stattdessen in dieser Zeit Generationen von Ureinwohnern und Kleinbauern ihr Leben verbrachten. Jetzt aber, da Chaco-Land als potentielles Sojaland rapide an Wert gewinnt, erinnert sich der Mann in Buenos Aires an sein Land und nimmt Kontakt mit einem *pool de siembra* auf.

Unweigerlich, sagt Ana, rollen dann irgendwann die Bulldozer an, brennen die niedergestreckten Wälder, sehen sich Kleinbauern und Ureinwohner plötzlich eingekreist von Soja- und Baumwollfeldern. Zwar verjagt sie keiner mehr mit offener Gewalt – wie früher, aber irgendwann muss der Bauer, um sein Feld oder das nächste Dorf zu erreichen, derartige Umwege fahren, dass es sich für ihn nicht mehr lohnt. Er zieht fort. Und irgendwann findet ein Clan der Wichi- oder Toba-Indianer um seine Siedlung herum keinen Wald mehr, den er nutzen kann. Und auch dieser Clan zieht fort. Insgesamt 20.000 Familien wurden so oder ähnlich in den letzten Jahren vertrieben, schätzen Bürgerrechtler; etwa acht Millionen Hektar Land sind inzwischen rechtlich umstritten – zwischen Kleinbauern und Indigenen auf der einen und großen Agrarfirmen auf der anderen Seite.

»Besonders für die Indigenen ist es schwer, ihr Territorium zu verteidigen«, erklärt mir Ana. »Sie haben eine völlig andere Art, die Welt zu sehen, als wir; insbesondere ihre Vorstellungen von Eigentum und Landnutzung unterscheiden sich grundlegend von unseren. Deshalb fällt es ihnen ungeheuer schwer, mit kommerziell arbeitenden Landbesitzern und Agrarunternehmern zu kommunizieren und ihnen ihre Lebensweise verständlich zu machen. Für sie gibt es kein Privateigentum; man ist nicht ›Eigentümer‹ natürlicher Ressourcen; man nutzt sie lediglich.«

Tief in ihrer Kultur verwurzelt, sind manche Ureinwohner denn auch wie gelähmt, wenn sie sich plötzlich von ihrem Wald und ihrer Heimat, von ihrer Quelle für Nahrung und Naturmedizin abgeschnitten sehen. 2007 verhungerten in einer abgelegenen Region des Chaco binnen weniger Monate 13 Ureinwohner; Hunderte wurden schwerst unterernährt aufgefunden. Menschen, die heute zumeist am Rande der Städte leben – vielleicht sogar mit Zugang zu Strom, sauberem Wasser und der Asignacion Universal Por Hijo; zugleich aber entwurzelt, entwürdigt und ausgegrenzt; oft depressiv, drogen- und alkoholkrank.

Anas Organisation Asociana unterstützt die wachsende Zahl jener Ureinwohner, die jetzt ihr Land zurückfordern. Einige von ihnen sind bereit, dafür vor einem Ministerium in Buenos Aires zu demonstrieren, Land zu besetzen oder eine Straße zu blockieren – wenn es keine anderen Wege gibt, sich Gehör zu verschaffen; sie scheuen auch den Kampf mit dem trägen Mahlwerk argentinischer Gerichte und politische Lobbyarbeit nicht.

Den Protesten Betroffener und dem Engagement von Bürgerrechtsorganisationen wie Asociana ist es zu verdanken, dass sich zumindest Argentiniens Zentralregierung ein wenig für den rapide schrumpfenden Wald des Chaco und die Urbevölkerung dort engagiert. So setzte die Regierung im Parlament ein nationales Waldgesetz durch, das 2007 in Kraft trat:

In Argentinien haben seit 1994 eigentlich die Provinzen die Verfügungsgewalt über natürliche Ressourcen wie Ackerland, Wald, Bodenschätze und Wasser. Das nationale Waldgesetz gibt ihnen nun einen Anreiz, eine Bestandsaufnahme ihrer Wälder zu machen und einen Landnutzungsplan zu erstellen. Die Provinzen sollen – so das Gesetz – ihre Wälder klassifizieren: als »rot« ausgewiesene Wälder sind dann unbedingt zu schützen; »gelbe« dürfen nachhaltig genutzt werden; »grüne« dürfen in Viehweiden, Äcker oder Baugebiete verwandelt werden.

Genehmigt ein föderaler Ausschuss den Flächennutzungsplan einer Provinz, bekommt diese Geld für die Weiterentwicklung ihrer Waldressourcen – aus einem Fonds, der immerhin 0,3 Prozent des Staatshaushalts umfasst. Während der Bestandsaufnahme gilt überdies ein Moratorium für Waldrodungen.

Das Problem bleibt indes auch fünf Jahre nach Erlass des Gesetzes, dass etliche Provinzen, trotz aller finanziellen Anreize, kaum kooperieren. In Santa Fe und Córdoba, insbesondere, wird weiter Wald gerodet wie bisher; in Salta ließen sich clevere Agrarunternehmer kurz vor Inkrafttreten des Gesetzes das Abholzen von weiteren 400.000 Hektar Wald lizenzieren; die Lizenzen werden bis heute genutzt.

Abb. 37: Eingekreist – Direkt an den Hof dieses Bauern grenzt eine Sojaplantage.
Abb. 38: Vor der Verhandlung – Viele Ureinwohner Argentiniens kämpfen vor Gericht um ihre Landrechte.

Die Ohnmacht der Gesetze

Das Landrecht Argentiniens sei ein schwer begehbares Terrain, sagt mir in Buenos Aires die für das nationale Landwirtschaftsministerium arbeitende Juristin Florencia Gómez; da wimmle es nur so von Fußangeln und Fallstricken. Grundsätzlich sieht Gómez eine rechtliche Konkurrenz zwischen zwei Formen von Eigentumsrechten an Land; eine Konkurrenz zwischen, einerseits, den offiziell erteilten Eigentumstiteln, die meist in der Hand von Großgrundbesitzern liegen, und, andererseits, den Eigentumsrechten derjenigen, die ein Stück Land seit mindestens 20 Jahren ungehindert bewirtschaftet haben.

»Um diese Landrechte wird viel prozessiert«, sagt die junge Juristin. Und mit einem um Verzeihung bittenden Lächeln fügt sie hinzu: »Mein Ministerium tritt engagiert für die Rechte von Kleinbauern und Indigenen ein. Leider sind aber in Argentinien ausschließlich die Provinzbehörden für Landfragen zuständig – und für Prozesse um Land in erster Linie die Provinzgerichte.«

Die meisten Prozesse, berichtet Florencia Gómez, gingen zugunsten der Besitzer offizieller Landtitel aus. Dies nicht unbedingt, weil die Richter korrupt seien, sondern weil sie, sozial und ideologisch, den Großgrundbesitzern viel näher stünden als Kleinbauern und Ureinwohnern. Da Prozesse in Argentinien außerdem – wie weltweit – Zeit, Geld und Nerven kosten, geben arme Landbewohner nach einer Niederlage in erster Instanz oft auf. Falls nicht, dann schickt ein Agrarunternehmer bisweilen Bulldozer und Zaunbautrupps – mit guter Aussicht, auch juristisch, auf Erfolg:

»Solche Zwangsenteignungen von Land sind zwar illegal, aber meistens hat der Täter bereits vollendete Tatsachen geschaffen, bis aus vielleicht 200 Kilometern Entfernung Polizei anrückt oder ein Gericht eine Entscheidung fällt. Das Gericht betrachtet die Angelegenheit dann ausschließlich aus zivilrechtlicher Perspektive. Hat der Eindringling (aus dieser Perspektive) ein Grundstück bereits eingezäunt und dies dokumentiert, gilt er vorläufig als Eigentümer – egal, welche Gewaltakte dem

Eigentumserwerb vorangegangen sind. Vertriebene Kleinbauern oder Indigene müssen einen zivilrechtlichen Prozess anstrengen, um ihr Land zurück zu bekommen.«

»Vor unseren Provinzgerichten schaffen es insbesondere Ureinwohner nicht, ihre Landrechte durchzusetzen«, meint Bürgerrechtlerin Ana Álvarez. »Die Rechte derjenigen, die reguläre Titel besitzen, sind einfach viel mehr wert vor diesen Gerichten als die verfassungsmäßig anerkannten Rechte indigener Gemeinschaften. Für die Genehmigung, eine Fläche von tausend Hektar zu entwalden, braucht jemand nur einen Eigentumstitel vorzulegen, ein Projektkonzept und ein Umweltverträglichkeitsgutachten, das er selbst in Auftrag gegeben hat. Unberücksichtigt bleibt, dass das betreffende Land seit Menschengedenken von indigenen Völkern bewohnt und benutzt wird. Ein Beispiel ist die Lizenz zum Abholzen von 400.000 Hektar Wald, die die Verwaltung der Provinz Salta 2007 binnen weniger Monate erteilte. Und gerichtlich war nichts dagegen zu machen.«

Anas Organisation Asociana setzt – angesichts des fast aussichtslosen juristischen Kampfes – zunehmend auch auf sorgsam dosierte Selbsthilfe, wie sie jüngst eine Gemeinschaft der Wichi-Volksgruppe in Salta praktizierte: »Dort rückten vergangenes Jahr Bulldozer an, ohne jede Rechtsgrundlage. Und eine Gerichtsentscheidung, sie zu stoppen, stand noch aus. Da gingen Vertreter der Dorfgemeinschaft zum Leiter des Räumtrupps und sagten ihm ganz ruhig: ›Ihr werdet diesen Wald und unsere Hütten nicht niederreißen. Alle Bewohner dieses Dorfs werden euch daran hindern und Hunderte Männer aus anderen Dörfern werden uns helfen. Habt also besser gleich ein Einsehen.‹ Diese Warnung nahmen die Verantwortlichen der Firma sehr ernst.«

Organisierter Kampf

In Argentinien haben sich, vor dem Hintergrund einer an Menschenrechtsverletzungen reichen Geschichte, zahlreiche Kleinbauern, Indigene und Angehörige der städtischen Zivilgesellschaft politisch organisiert. Organisationen wie Asociana, Incupo und Fundapaz haben sich insbesondere den Schutz des Waldes sowie der Rechte von Kleinbauern und Indigenen auf die Fahnen geschrieben; das Netzwerk Redaf beobachtet mit einem speziellen Projekt die inzwischen mehreren hundert Landkonflikte im Chaco. Die Bürgerrechtler mobilisieren entrechtete Menschen; sie fordern ein Verbot von Vertreibungen, das Ende der Abholzungen im Chaco, Transparenz bei Grundstücksgeschäften und die kompromisslose Umsetzung der Landrechte indigener Volksgruppen.

Beim Kampf für diese Forderungen kooperiert die organisierte Zivilgesellschaft häufig mit Argentiniens eher »links« orientierter Zentralregierung – insbesondere mit den Umwelt-, Erziehungs-, Gesundheits- und Landwirtschaftsbehörden. Man helfe sich gegenseitig bei der Arbeit und speise gemeinsam Informationen in den Gesetzgebungsprozess ein, berichten mir gleichermaßen Ana Álvarez und Florencia Gómez.

Schwieriger als die Zusammenarbeit mit der Regierung von Cristina Fernández de Kirchner ist die mit jenen Provinzbehörden, die ein wirtschaftliches Interesse an Waldrodungen zugunsten von mehr Sojaanbau haben. Einerseits erreichte Asociana kürzlich den Widerruf mehrerer Abholzungsgenehmigungen in der Provinz Salta. Andererseits werden Bürgerrechtler von Provinzbehörden bisweilen bedroht und kriminalisiert. Werden zum Beispiel protestierende Kleinbauern gewalttätig oder erleiden Schaden, heißt es oft stereotyp, diese oder jene Organisation habe die Bauern »aufgehetzt«.

Zu Konflikten kommt es hier und da auch zwischen benachteiligten Landbewohnern. So stört es die Ureinwohner vielerorts, dass Kleinbauern ihre Rinder frei im Wald weiden lassen. »Schon mehrfach haben wir uns mit Kleinbauern und Indigenen zusammengesetzt. Wir haben ihnen geholfen, mithilfe von GPS, Territorien genau zu definieren; und sie haben dann Kompromisse ausgehandelt. Da überließen, in einem Fall in Salta zum Beispiel, die Wichi-Indigenen einen Teil ihres Territoriums den Kleinbauern; und diese verpflichteten sich, ihre Tiere nur noch auf eingezäunten Flächen weiden zu lassen.«

Abb. 39: Die Generation von Morgen – Für die Zukunft dieser Kinder kämpfen Organisationen der Zivilgesellschaft – in Zusammenarbeit mit MISEREOR und »Brot für die Welt«.

Äußerst skeptisch sieht Ana Álvarez den vom Worldwide Fund for Nature (WWF) initiierten Runden Tisch für verantwortungsvolle Soja (RTRS). Ziel ist es, nach dem Vorbild ähnlicher Bemühungen bei Palmöl und Zucker, eine Sojaproduktion zu zertifizieren – wenn sie den Nachhaltigkeitskriterien des »Runden Tisches« entspricht.

Am RTRS sitzen etliche Unternehmen, die sich ein besseres Image für ihre Produkte erhoffen: die Input-Lieferanten Monsanto, Syngenta und Bayer CropScience etwa; der Nahrungsmittelkonzern Unilever, die Agrodiesel-Produzenten BP und Shell. Sehr kritisch stehen dem RTRS dagegen die meisten Bauern- und Umweltorganisationen in Argentinien und weltweit gegenüber. Die Gründe dafür lägen auf der Hand, erklärt mir Ana.

So haben die Unternehmen durchgesetzt, dass auch genverändertes Soja den Nachhaltigkeitskriterien des RTRS entsprechen kann. Sogar die Produktion von Agrodiesel aus dem Nahrungsmittel Soja soll zertifizierbar sein – obwohl dies die Ernährungssicherheit weltweit untergräbt. Desgleichen sieht der »Runde Tisch« die Expansion des Sojaanbaus grundsätzlich als »verantwortungsvoll« an – obwohl diese Expansion zumindest indirekt den Raubbau an Primärwäldern und – mit dem Fleischkonsum – die Emission von Treibhausgasen schürt. Kein Wunder, dass sich an derlei *greenwashing* in Wahrheit verantwortungslos hergestellter Soja kaum jemand aus der Zivilgesellschaft beteiligen will.

Umstritten ist in Teilen der argentinischen Bürgerrechtsszene schließlich sogar die Zusammenarbeit mit europäischen Hilfswerken, berichtet mir Ana Álvarez. Mehrere Dutzend Organisationen der Zivilgesellschaft – unter ihnen Asociana, Incupo, Fundapaz und Redaf – sind Partner von MISEREOR und »Brot für die Welt«.

Mit solchen Partnerschaften wollten die Europäer bloß Schaden, den sie selbst wirtschaftlich anrichten, karitativ mildern, sagen – so Ana – viele Kritiker. »Ich antworte dann: Rechtsberatung und andere Hilfe für die Ärmsten kosten Geld. Dieses Geld lokal aufzutreiben, ist schwer für uns. Wir müssen dafür zum Beispiel Anträge bei staatlichen Behörden stellen. – Hinzu kommt die überragende Bedeutung internationaler Solidarität für den Kampf der Kleinbauern und Indigenen. Nur unsere europäischen Partner können, über ihre vielfältige Vernetzung, die Zustände hier weltweit bekannt machen. Dank ihrer Hilfe können wir uns auch mit Organisationen anderer Länder austauschen und gemeinsam Druck aufbauen – zugunsten der Entrechteten in Argentinien und anderswo.«

Die Luftwaffe des Satans

Es gibt, neben dem Raubbau an ihren Wäldern und dem Verlust ihres Landes, eine weitere Bedrohung, die den Kleinbauernfamilien und Indigenen des Chaco schlaflose Nächte bereitet. Mit dieser Bedrohung werde ich konfrontiert, als mich der Bauer Julio Fernández im Dorf Campo Nuevo zu einem kühlen Getränk unter das Vordach seines stattlichen Hauses einlädt. »Wir hätten ein schönes Leben hier mit unseren Kindern und Enkeln, wenn nicht die Firma da wäre«, sagt er. Jene Firma Unitec Agro aus Buenos Aires, die gleich nebenan eine große Soja- und Baumwollplantage betreibe und aus Flugzeugen regelmäßig mit Pestiziden besprühe.

»Diese Flugzeuge sind die Luftwaffe des Satans«, sagt Julio, und Tränen steigen ihm in die melancholisch blickenden Augen. »Jahrelang haben sie meinen Hof eingesprüht. Mehrere meiner Ziegen und Kühe haben deshalb Fehlgeburten erlitten; die beiden Mandarinenbäume dort sind abgestorben; nirgendwo hier wächst mehr Gemüse. Und wir Menschen haben über Jahre den ganzen Tag lang die Ohren gespitzt und im Haus Deckung gesucht, wenn wir Flugzeuge hörten.«

Mehrfach hätten er und einige Nachbarn die Firma bei der Polizei angezeigt; nie hätten sie auch nur eine Antwort bekommen – so, wie auch ich keine Antwort bekomme, als ich am nächsten Tag eine E-Mail an Unitec Agro schicke.

»Zumindest sprühen die Flugzeuge seit einiger Zeit nur noch in zwei, drei Kilometern Entfernung«, berichtet Julio. »Auf den Feldern, die direkt an unser Dorf grenzen, benutzen Sie jetzt *mosquitos*, Sprühfahrzeuge mit Auslegern. Aber auch deren Gift weht der Wind auf meinen Hof und in mein Wasserreservoir dort neben der Kuhweide.« Der alte Mann deutet auf einen 30 mal 30 Meter großen Teich – gespeist aus einem Tiefbrunnen, angelegt noch von seinem Vater.

Die erwachsenen Kinder des Bauern sind – auch wegen des Pestizidterrors – in die Stadt gezogen. Zwei Enkel sind derzeit zu Besuch. Auf einem großen Holztisch sehe ich Essensreste, ein Plastikauto und Kinderkleider. Drei Meter dahinter markiert ein Zaun die Grenze zum Baumwollfeld der Firma Unitec Agro.

Abb. 40/41: Giftsprüher – 200 Millionen Liter Pestizide jährlich werden über Argentiniens Sojaplantagen versprüht. Das Gift landet auch auf Tischen, an denen Kinder essen und spielen.

Kälber mit zwei Köpfen

»In unseren Gemüsegärten verkrüppeln die Blätter der Pflanzen und werden braun. Und wenn etwas nachwächst, schießt es dünn und blassgrün in die Höhe«, berichtet mir wenig später in Resistencia der junge Bauer Stefano Lopez. »Bei unseren Tieren haben wir jetzt immer wieder Missgeburten – Schweine mit Pferdefüßen; Kälber, die den Anus an einem anderen Ort haben, und sogar Kälber mit zwei Köpfen. Unsere Frauen erleiden auch sehr oft Früh- oder Fehlgeburten. Und etliche Babys haben eine Hasenscharte oder eine so genannte *Krebshand*: Zwei Finger der Hand sind miteinander verwachsen.«

Stefano stammt aus dem Bezirk Pirane in der Provinz Formosa – aus einer Sojaregion, wo vor allem Herbizide mit dem Wirkstoff Glyphosat versprüht werden. »Das Gift hat unser Grundwasser verschmutzt und belastet alles Leben bei uns«, klagt er. Jetzt sucht Stefano für sich und zahlreiche Betroffene Hilfe bei Incupo in Resistencia.

Den Wirkstoff Glyphosat entdeckte 1970 die Firma Monsanto; die weltweite Vermarktung unter dem Markennamen Roundup begann 1974. Seit dem Auslaufen der Monsanto-Patente im Jahr 2000 kommen Konkurrenzprodukte auch aus China.

Glyphosat ist ein *allround killer*. Das Mittel wird gern auch zur Vorbereitung von Ackerflächen für die Aussaat eingesetzt, denn es vernichtet alle Vegetation – mit Ausnahme durch Genveränderung resistent gemachter Pflanzen. Dazu zählen vor allem Nutzpflanzen wie Monsantos in Argentinien zu 90 Prozent angebaute RoundupReady-Soja. Da durch Genmutationen aber auch immer mehr »Unkräuter« glyphosat-resistent werden, empfiehlt Monsanto höhere Dosierungen oder die Beifügung anderer Wirkstoffe. Der Glyphosatverbrauch in Argentinien wächst rasant.

In den USA und der EU gilt der Wirkstoff bis heute als eher harmloses Herbizid, das tierische wie menschliche Organismen nicht dauerhaft schädigt und rasch in ungefährliche Moleküle zerfällt. Auch deshalb sind Glyphosat-Präparate – als Pestizid für den Hausgebrauch – in fast jedem deutschen Bau- und Gartenmarkt erhältlich.

In jüngster Zeit jedoch mehren sich die Zweifel an der Harmlosigkeit des Wirkstoffs – vor allem, wenn er, wie in Argentinien, großflächig und in Kombination mit anderen Pestiziden eingesetzt wird. Derzeit versprüht allein Argentiniens Sojaindustrie jährlich fast 200 Millionen Liter Pestizide – darunter bis heute die weltweit geächteten Präparate Paraquat und das seit 2011 offiziell verbotene Endosulfan. Mit den Sprühnebeln haben, neben zahllosen Tieren, rund zwölf Millionen Menschen körperlichen Kontakt.

Glyphosat zählt derweil unbestritten zu den für Fische und wirbellose Wassertiere gefährlichsten Pestiziden. Das Versprühen des Wirkstoffs aus Flugzeugen ist eine wichtige Ursache für das sich seit Jahren zuspitzende Fischsterben in Chaco-Flüssen wie dem Rio Paraguay und seinen Nebenflüssen. Dies hat ernste Folgen für Ernährung und Lebensweise vieler Kleinbauern und Ureinwohner.

Über die Jahre haben sich auch Hinweise, dass in der Glyphosat ausgesetzten Landbevölkerung stark vermehrt Missbildungen von Babys und Krebs auftreten, verdichtet. Deshalb nahm kürzlich der argentinische Molekularbiologe Professor Andrés Carrasco das Herbizid unter die Lupe. Der weltweit renommierte Wissenschaftler ist Mitglied im nationalen Forschungsrat CONICET.

2009 legte Carrasco seine Studie vor – mit alarmierenden Ergebnissen. Danach entwickeln Glyphosat ausgesetzte Frosch- und Hühnerembryonen ähnliche Fehlbildungen wie Kinder, deren Eltern dem Herbizid ausgesetzt waren. In einer von Carrasco mitverfassten Veröffentlichung der American Chemical Society von 2010 heißt es, Glyphosat und darauf basierende Herbizide schädigten das Erbgut, embryonale Zellen und die Plazenta. Die Folgen seien vor allem Missbildungen des Gehirns und des Nervensystems; die Herbizide seien überdies hormonell wirksam und brächten den Androgen- wie Östrogenstoffwechsel durcheinander. Wörtlich schreiben die Wissenschaftler:

»Wir verzeichnen immer mehr besorgniserregende Belege dafür, dass sich auf Glyphosat basierende Herbizide schädlich auf Menschen auswirken, die in Gegenden leben, wo diese Herbizide intensiv eingesetzt werden. Frauen, die diesen Herbiziden während der Schwangerschaft ausgesetzt waren, haben Kinder mit angeborenen Missbildungen zur Welt gebracht – darunter Mikrozephalie (Kleinköpfigkeit), Anenzephalie (binnen Tagen nach der Geburt zum Tod führendes Fehlen von Teilen der Schädeldecke und des Gehirns) sowie weitere Schädelmissbildungen.« Als auffällig verzeichnen die Forscher auch das häufige Auftreten von *spina bifida*, einer angeborenen Ausstülpung der Nervenkanäle der Wirbelsäule.

Inzwischen haben sich in Argentinien zahlreiche an öffentlichen Krankenhäusern arbeitende Ärzte zu den *médicos de pueblos fumigados*, den Ärzten besprühter Dörfer, zusammengeschlossen. Sie dokumentieren in rascher Folge immer neue Fälle von Missbildungen und Krebserkrankungen. Sie veranstalten zudem internationale Kongresse, auf denen Wissenschaftler beunruhigende Erkenntnisse präsentieren.

Bei Incupo in Resistencia treffe ich auch die Biochemikerin Mariana

Abb. 42: Gute Mahlzeit – Aber das extrem fischtoxisch wirkende Herbizid Glyphosat hat den Fischreichtum in Argentiniens Flüssen bereits drastisch reduziert.

Cancián. Sie war Mitglied einer Kommission, die – auf massiven Druck aus der Bevölkerung – von der Provinz Chaco beauftragt wurde, Auswirkungen von Pestiziden zu untersuchen.

»Bei unseren Erhebungen in den Gemeinden La Leonesa und Las Palmas«, berichtet die Forscherin, »haben wir festgestellt, dass sich die Zahl neu auftretender bösartige Tumore binnen weniger Jahre vervierfacht hat – was eindeutig auf Sprühaktionen mit Pestiziden zurückzuführen ist. Gehäuft treten auch Schädigungen der Atemwege und Hauterkrankungen auf, bei Kindern überdies Wachstumsstörungen und neurologische Fehlentwicklungen.« In der Provinz Chaco insgesamt stieg die Zahl angeborener Missbildungen von 19,1 pro 10.000 Lebendgeburten in 1997 auf 85,3 in 2008. Dies entspricht, sagt die Expertin, der Ausbreitung des Anbaus genveränderter Soja in der Provinz. Vergleichbare Zahlen liegen aus anderen Chaco-Provinzen vor.

Mariana berichtet, dass viele Bauernfamilien Angst hätten, Krebserkrankungen und Missbildungen an die Öffentlichkeit zu bringen. Manche seien, als sie sich bei den Behörden beschwerten, eingeschüchtert oder sogar bedroht worden. »Bei uns«, fällt Stefano der Wissenschaftlerin ins Wort, »hat eine Familie dagegen geklagt, dass Flugzeuge ihr Haus besprühen. Eine lokale Richterin untersagte daraufhin die Flüge. Kurz darauf wurde die Richterin entlassen und ist bis heute arbeitslos.«

Etliche Bauern- und Umweltorganisationen räumen inzwischen dem Schutz der Landbevölkerung vor Pestiziden hohe Priorität ein und üben entsprechend politischen Druck aus – nicht ohne Erfolg: Einige Provinzen haben das Versprühen von Pestiziden aus Flugzeugen eingeschränkt.

Insgesamt aber sehen sowohl Argentiniens Massenmedien als auch die Behörden das Problem eher gelassen. Präsidentin Fernández de Kirchner verfügte zwar 2009, dass ein nationales Komitee die Wirkungen von Pestiziden grundlegend untersuchen soll; für die nötigen großen epidemiologischen Studien jedoch fehlt das Geld.

Spezielle Untersuchungen zum Wirkstoff Glyphosat hat die Regierung überhaupt nicht in Auftrag gegeben. 2011 gab es in Buenos Aires eine öffentliche Anhörung zum Thema. Diese blieb bislang ohne sichtbare Konsequenzen. Immerhin: Vor einem Gericht in der Provinz Córdoba läuft derzeit ein Strafverfahren gegen einen Piloten und zwei Sojafarmer, die das Herbizid Glyphosat versprüht haben. Der Staatsanwalt strebt Gefängnisstrafen an.

Ein Erfolg auch für Prof. Andrés Carrasco, dem seine wissenschaftlichen Veröffentlichungen zum Problemwirkstoff Glyphosat noch vor kurzem massive Schwierigkeiten bescherten: Er wurde, wie es heißt, sowohl von der Regierung als auch von Kollegen massiv unter Druck gesetzt, sich künftig – entsprechend seiner herausgehobenen Stellung – zurückzuhalten; bei einem Besuch in Resistencia wurde der Wissenschaftler sogar mit faulen Eiern beworfen. Etliche Mitglieder der Ärzte besprühter Dörfer müssen bis heute wie Geheimagenten arbeiten, um ihre Jobs im Krankenhaus nicht zu gefährden.

Die EU schweigt

Die beunruhigenden Forschungsergebnisse argentinischer Wissenschaftler sollten auch bei den Behörden der EU, dem wichtigsten Importeur argentinischer Sojaprodukte, zumindest Aufmerksamkeit erregen – meint Fundapaz-Sprecher Juan Luis Díaz. Doch hier herrscht Fehlanzeige:

Innerhalb der EU ist Deutschland Berichterstatter für mit Glyphosat zusammenhängende Sicherheitsfragen; zuständig ist damit das Bundesinstitut für Risikobewertung (BfR). Das BfR veröffentlichte seine Einschätzung der Dinge am 11. November 2011 – als Reaktion auf den glyphosat-kritischen Greenpeace-Report »Herbicide Tolerance and GM crops«: »Für Glyphosat liegen … keine überzeugenden Hinweise auf entwicklungstoxische Wirkungen vor.«

Das BfR nehme, schreibt das Institut weiter, für seine Bewertung von Pestiziden keineswegs nur Untersuchungen der Industrie zur Kenntnis, sondern durchaus auch Studien von Universitätslabors. »Für regulatorische Entscheidungen im Rahmen der Risikobewertung von Pflanzenschutzmitteln sind sie jedoch in den meisten Fällen leider nur eingeschränkt verwendbar, da die Versuchsmethodik in der Regel nicht internationalen Richtlinien entspricht, die Anforderungen der guten Laborpraxis (GLP) nicht erfüllt werden und die Studienergebnisse nur in zusammengefasster Form veröffentlicht sind.«

Kurz, die – von zahlreichen Experten als überzeugend beurteilten – Forschungsergebnisse Prof. Andrés Carrascos und seiner Kollegen scheinen beim BfR weitgehend unter den Tisch gefallen zu sein. – 2012 sollte eigentlich eine Neubewertung des Herbizids Glyphosat in der EU erfolgen. Diese Neubewertung hat die europäische Kommission jüngst auf 2015 vertagt. Auch ein Antrag von Fundapaz an die EU, eine Untersuchung zu den Auswirkungen von Agrarchemikalien in Argentinien zu finanzieren, wurde abgelehnt.

Dabei liegen nicht nur aus Argentinien Besorgnis erregende Untersuchungen zu Glyphosat vor. In Paraguay gibt es ganz ähnliche Forschungsergebnisse; und Israel hat das Versprühen der Chemikalie aus Flugzeugen schon vor einem Jahrzehnt gestoppt, nachdem Wissenschaftler hohe Sterberaten und häufige Fehlgeburten bei dem Sprühnebel ausgesetzten Frauen festgestellt hatten. Außerdem, so Díaz, sei noch nie ausreichend genau untersucht worden, wie sich das Herbizid auswirkt, wenn es in Kombination mit zahlreichen anderen Präparaten ausgebracht wird – so wie in Argentinien. Allein die Möglichkeit, dass die Produktion genveränderter Soja für den EU-Markt Millionen argentinische Kleinbauern und Indigene sowie deren Ernährungsgrundlagen gefährdet, sollte der EU Anlass genug sein, vorliegende wissenschaftliche Untersuchungen dazu rasch und sorgsam zu prüfen.

Philippinen
Elizabeth und die Angst

Automassen wälzen sich durchs Zentrum Manilas; Kleinhändler mit ihren Karren, Angestellte mit Köfferchen haben nur ihr nächstes Ziel im Blick – unbeeindruckt von den Stacheldrahtrollen entlang der Straße, hinter denen Yvonne Ang mit ihrer Gitarre ein Kampflied intoniert: »Weiter, immer weiter – bis zum Sieg über die Ausbeuter…«

Yvonne, 21 Jahre, hat ein Architekturstudium abgebrochen, um ihr Leben – sagt sie – den unterdrückten Bauern der Philippinen zu widmen. Hier – auf der Mendiola-Straße, einer breit angelegten Prachtstraße mit Blick auf den Malacañang, den Präsidentenpalast – haben sich mehrere hundert Bauernfamilien versammelt, um zu demonstrieren: für eine echte Landreform und gegen den Ausverkauf von Ackerland an ausländische Investoren.

Unter einem 40 Meter langen Dach aus blauer Plastikplane haben sie Betten und Kochstellen aufgebaut; Straßenmaler haben den Asphalt mit grellen Motiven bedeckt: Fratzen der Großgrundbesitzer und des US-Imperialismus, über denen die Faust der Bauernbewegung KMP schwebt. Männer mit sonnengegerbten Gesichtern diskutieren; kleine Jungen recken – nach dem Vorbild der Väter – die Fäuste; Frauen kochen Reis – während alte Männer in Brettspiele vertieft sind.

Ein Kosmos für sich, fokussiert auf das eine große Anliegen: Ackerland fürs Überleben der Familie. Das Hupen und Tosen des Verkehrs gleich jenseits des von der Polizei ausgerollten Stacheldrahts, das Kreischen auch der die Mendiola auf Stelzen überquerenden Metro scheinen unendlich fern. Selbst die Lastwagen paramilitärischer Sondereinsatzkräfte sehe ich erst, als Rafael Mariano mich darauf hinweist.

Mariano – einst Landarbeiter, dann KMP-Führer, heute Kongressabgeordneter – stand schon am 22. Januar 1987 hier. Damals hatte Cora-

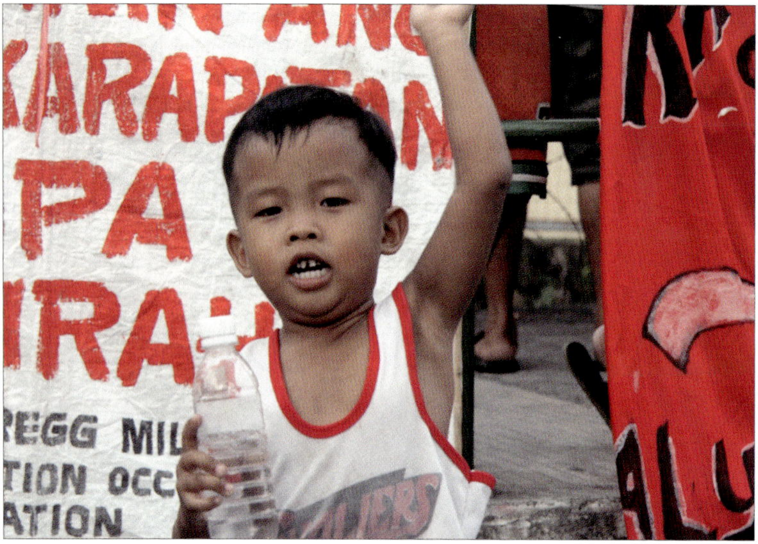

Abb. 43: Für meine Zukunft – Am Protest gegen den Landraub auf den Philippinen beteiligt sich die ganze Familie. Abb. 44: Müde Kämpfer – Sieben Tage Protestcamp schlauchen sichtlich.

zon Aquino nach einem Volksaufstand den autokratisch herrschenden Präsidenten Ferdinand Marcos abgelöst; als Großgrundbesitzerin aber zögerte sie, ihr wichtigstes Wahlversprechen umzusetzen: eine Landreform. »Zu Zehntausenden demonstrierten wir damals auf der Mendiola für die Landreform, umringt von tausenden Soldaten. Und als einige von uns die Eingänge von Regierungsgebäuden blockierten, schoss das Militär.« 13 Menschen starben an jenem 22. Januar 1987; Rafael Mariano überlebte das Mendiola-Massaker schwer verletzt.

Ein Vierteljahrhundert später und 24 Jahre nach Verabschiedung der Landreform, zieht der Bauernführer bitter Bilanz: »Gerade einmal fünf Prozent der anspruchsberechtigten Bauern sind heute Landeigentümer. Nur einer von sieben Bauern, die Land zugesprochen bekamen, kann die dafür 30 Jahre lang fällige Tilgung bezahlen. Wer aber über drei Jahre nicht zahlt, kann jederzeit von seinem Grundstück verwiesen werden.« Von Angst, Verzweiflung und bitterer Armut auf dem Land erzählt Rafael Mariano und kritisiert scharf, dass die Regierung seit einigen Jahren Millionen Hektar Ackerland an ausländische Investoren vergibt.

Während Mariano redet, ziehen sich dunkle Wolken über Manila zusammen; Blitze zucken; dann geht ein heftiger Wolkenbruch nieder. Und plötzlich sind alle nur damit beschäftigt, mit Schirmen, Zeltstangen und Stöcken Wassermassen von der blauen Plane herunter zu leiten.

Respekt vor den Herren der Haciendas

Die Menschen auf den Philippinen wirken auf mich, nach mehreren Reisen durch ihr Land, einerseits vertraut, andererseits immer wieder verwirrend – denke ich, während die Demonstranten mit der Plane und den Wassermassen kämpfen. Zu bald hundert Millionen drängeln sie sich auf einem Archipel von 7.000 Inseln mit insgesamt gerade 300.000 Quadratkilometer Landfläche – so viel wie Italien. Ein Volk gastfreundlicher Menschen mit malaiischen Wurzeln; mit viel chinesischem, spanischem und auch amerikanischem Blut; mit viel amerikanischem Pragmatismus im Alltag; mit spanischer Sentimentalität in Musik und Filmen; mit jener das Gesicht wahrenden asiatisch-malaiischen Duldsamkeit, die unendlich viel Leid zu absorbieren scheint – bis irgendwann jäh panische Angst, Wut und Verzweiflung hervorbrechen.

Die Filipinos – zu 80 Prozent katholisch – leben ihre Religion mit Inbrunst; das habe ich bei vielen Gottesdiensten und Prozessionen erlebt. Sie lieben das Melodrama und den leidenschaftlichen Kampf. Nicht umsonst war ein Schauspieler bereits Präsident; und ein Boxer hat gute Chancen, es zu werden: Emmanuel »Manny« Pacquiao, der fast immer gewinnt oder zumindest immer wieder aufsteht – so wie das ganze Volk:

Nach über 300 Jahren spanischer Kolonialherrschaft lehnten sich die Filipinos 1898 auf – um dann doch wieder für 50 Jahre Kolonie der USA (und, während des Zweiten Weltkriegs, Japans) zu werden. Seit 200 Jahren revoltieren Bauern gegen Ausbeutung und Unterdrückung – um sich dann doch wieder unterdrückt zu finden und erneut kämpfen zu müssen, wie Sisyphos. Dieses leidenschaftliche Kämpfen des philippinischen Volkes, das die Herrschenden kühl ins Leere laufen lassen, scheint sich wie ein roter Faden durch die Geschichte des Landes zu ziehen.

Wirtschaftlich sind die Philippinen ein Land krasser Gegensätze: Auf der einen Seite Makati, das Geschäftsviertel Manilas; hier stehen die glitzernden Schaltzentralen des boomenden Sektors telekommunikativer Dienstleistungen und der Elektronikindustrie, die heute fast zwei Drittel des Exports bestreitet. Auf der anderen Seite die in Reisfelder und Kokoshaine gebetteten Bambushütten von Millionen Kleinbauern.

Die Landwirtschaft der Philippinen trägt nur noch rund zwölf Prozent zum Sozialprodukt bei. Von der Landwirtschaft leben jedoch 40 Prozent der Bevölkerung – unter ihnen 75 Prozent der Ärmsten, jener 30 Millionen Filipinos, die mit weniger als einem Dollar pro Tag auskommen müssen. Und der Anteil der Armen an der Bevölkerung wächst – trotz eines um fünf Prozent jährlich pendelnden Wachstums, trotz der Überweisungen von 8,5 Millionen im Ausland arbeitenden Filipinos; diese schicken ihren Familien jährlich 18 Milliarden Dollar.

Die krassen sozialen Gegensätze auf dem Land und eine hier allgegenwärtige Kultur der Unterdrückung hat mir Ben Ramos erklärt. Ben – ein kompakter kleiner Mann mit viel Charisma – ist Rechtsanwalt. Er leitet die Organisation Paghida-et sa Kauswagan Development Group (PDG), die in ihrem Engagement für nachhaltige Landwirtschaft und Landrechte von Kleinbauern mit MISEREOR kooperiert. PDG hat ihren Sitz auf der Insel Negros, außerhalb des Städtchens Kabankalan, in einem Ensemble von Holzhäuschen inmitten blühender Bäume und Büsche.

Großgrundbesitz sowie Respekt und Angst vor den Herren der großen Haciendas sind seit der Herrschaft der Spanier tiefverwurzelt auf den Philippinen, sagt Ben. Land sei bis heute die wichtigste Quelle politischer Macht, die in den Händen von wenigen hundert Familien liege. Politische Ämter seien oft Familienbesitz – genutzt, um sich zu bereichern, um die Klientel des Clans und dessen Privatarmee zu versorgen.

Tatsächlich zählt Transparency International die Philippinen zu den

Abb. 45: Tiefe Kluft – In Manila springt der Gegensatz zwischen Arm und Reich ins Auge.

am stärksten von Korruption belasteten Ländern; das UN-Entwicklungsprogramm UNDP schätzt, dass 20 Prozent des Staatsbudgets durch Korruption verlorengehen; das entspricht dem gesamten Bildungs- und Gesundheitsetat der Regierung.

»Hier auf Negros hat vor allem der Aquino-Cojuangco-Clan das Sagen«, erklärt mir Ben Ramos. Corazon Aquino war Präsidentin der Philippinen von 1986 bis 1992; ihr Cousin Eduardo »Danding« Cojuangco kontrolliert zehntausende Hektar Ackerland und die San Miguel Corporation, den größten Konzern des Landes; dessen Neffe und Corazons Sohn Benigno Aquino III ist seit 2010 Präsident.

Negros ist die Zuckerinsel der Philippinen; hier wird seit 200 Jahren auf teils riesigen Plantagen Zuckerrohr angebaut – mit schwerwiegenden Folgen für die Umwelt: Weniger als drei Prozent der Insel sind noch mit Wald bedeckt; Erosionsrinnen zerfurchen die kahlen Berghänge; immer wieder kommt es zu Flutkatastrophen; die Biodiversität ist drastisch gesunken.

Vielleicht – denke ich – arbeiten für den Aquino-Cojuangco-Clan auch jene *obreros*, Landarbeiter, die ich auf der Fahrt nach Kabankalan gesehen habe: In einem Zuckerrohrfeld standen Männer und Frauen in zerrissenen T-Shirts und Hosen; Strohhüte gegen die sengende Sonne auf dem Kopf, bare Füße, die das Graubraun der rissig trockenen Erde angenommen hatten. Mechanisch schlugen sie Breschen in die endlose Weite des im Wind wogenden Zuckerrohrs, wuchteten das Rohr auf gummibereifte Karren, vor die sie *Carabaos*, Wasserbüffel, gespannt hatten; und an der Straße warteten ungeduldig die Fahrer riesiger Lastwagen. »Zu zehnt ernten wir dieses Feld ab«, sagte mir der *obrero* Edgar Montecastro. »Wir arbeiten im *pakyaw*-System, im Gruppenakkord. Und am Ende eines zehnstündigen Arbeitstages hat jeder von uns vielleicht hundert Pesos (weniger als zwei Euros) in der Hand. Ein Ganta (2,4 kg) Reis kostet 80 Pesos; da bleibt nicht viel übrig für Gemüse, Seife, Kleidung oder Schulgebühren.«

Abb. 46: Arbeit eines Tages – Erst als die Sonne untergeht, ist der Lastwagen beladen mit Zuckerrohr. Abb. 47: Knochenarbeit – Auch Frauen schuften auf den Zuckerrohrfeldern der Insel Negros.

»Hortensia Starke reagierte wie eine Furie«

»PDG kämpft gegen die Ausbeutung der *obreros*«, sagt Ben Ramos. »Wir kämpfen für eine nachhaltige kleinbäuerliche Landwirtschaft, für die Umsetzung des 1988 vom Kongress beschlossenen Landreformgesetzes.« Nach diesem Gesetz soll kein Filipino mehr als fünf Hektar Ackerland besitzen. Der Großgrundbesitz soll an Millionen landlose Bauern verteilt werden – gegen eine Entschädigung in Form staatlicher Schuldverschreibungen, die die Bauern mit über 30 Jahre zu zahlenden Raten finanzieren müssen.

Von Anfang an jedoch kam die Agrarreform nur äußerst stockend voran; die meisten Großgrundbesitzer wehrten sich mit Händen und Füßen. Viele zogen vor Gericht, berichtet Ben. »Sie prozessieren sich bis heute durch die Instanzen – indem sie Einwände gegen formale Abläufe vorbringen, eine nichtlandwirtschaftliche Nutzung des Landes vorgeben, die Auswahl der Nutznießer infrage stellen und so weiter.«

Gerichtsverfahren auf den Philippinen ähneln Marathonläufen. »Es dauert oft zehn bis 20 Jahre, bis ein Konflikt endgültig entschieden ist. Und so lange muss, wer sein Recht verteidigen will, investieren: Zeit, Geld, Nerven. Das ist schwer für kleine Bauern, die tagein, tagaus damit beschäftigt sind, das Überleben ihrer Familien zu sichern.«

Mit Ben Ramos besuche ich die wenige Kilometer entfernt liegende Plantage Bino, wo wir in einem gelb getünchten Schulgebäude einige Bauern treffen. Auf den Feldern ringsum pflanzte einst die Großgrundbesitzerin Hortensia Starke Zuckerrohr, berichtet die Sprecherin der Gruppe, Elizabeth Cuenca. Starke, die ihr Land als ihr »schönstes Schmuckstück« betrachtete, gehörte von 1987-95 dem Kongress an. Hier galt die elegant und energisch auftretende Politikerin als engagierteste Verfechterin von Großgrundbesitzerinteressen.

1995 jedoch beantragten ausgerechnet die Arbeiter von Starkes Plantage deren Enteignung. »Unterstützt von PDG zogen wir vor Gericht«, berichtet Elizabeth. »1998 bekamen wir, insgesamt 58 Familien, das Land tatsächlich zugesprochen; und wir besetzten es sofort – anstatt die Entscheidungen höherer Gerichtsinstanzen abzuwarten.«

Während vor einer Bambushütte nahebei Kinder trocknenden Reis wenden und auf der Straße Zuckerrohrlaster vorbeidonnern, sehe ich Tränen in Elizabeths Augen – und die Furchen, die ein jahrzehntelanger Kampf ums Land in ihr Gesicht gegraben hat. »Hortensia Starke reagierte auf die Besetzung ihres Landes wie eine Furie. Sie holte die Polizei, die mehrere von uns tagelang inhaftierte; sie überzog uns mit Strafverfahren wegen Nötigung und Landfriedensbruchs; und sie begann, verbissen gegen ihre Enteignung zu prozessieren – mit immer neuen juristischen Argumenten.«

»Politiker/innen wie Corazon Aquino und Hortensia Starke haben die Landreform im Laufe der Zeit immer mehr verwässert, indem sie zahlreiche Schlupflöcher einbauten«, erklärt mir Rechtsanwalt Ben Ramos. 1991, zum Beispiel, bekamen lokale Verwaltungen das Recht, ihre Flächennutzungspläne eigenständig zu gestalten. Eine Bestimmung, die auf mich zunächst harmlos, ja demokratisch wirkt. »Tatsächlich«, sagt Ben,

Abb. 48: Trocknende Ernte – Reis ist das Hauptnahrungsmittel auf den Philippinen.

»hebelt diese Bestimmung vielerorts das Landreformgesetz aus. Dieses nämlich regelt ausschließlich den Umgang mit Agrarflächen. Verwandelt eine Lokalverwaltung nun Agrarflächen in Bauland, Geschäfts-, Industrie- oder Tourismusflächen, dann greift das Landreformgesetz bezüglich solcher Flächen nicht mehr.«

Hortensia Starke starb 2010, 89jährig, berichtet Elizabeth Cuenca. »Jetzt prozessiert ihr Sohn Mark gegen uns. Und seit nunmehr 15 Jahren tauchen immer wieder Bewaffnete auf, die uns bedrohen. Ich habe bis heute Angst, dass mir jemand folgt und mich erschießt.«

»Diesen Stress ohne Ende halten unsere Familien nur aus, weil PDG ihnen beisteht«, sagt Elizabeth schließlich. »Und wir haben uns von Anfang an organisiert. In unserer Genossenschaft Kabbuhi-an betreiben wir einen Teil unserer Landwirtschaft; wir helfen einander, die Tilgung

Abb. 49: Gemeinschaft – Im Schulgebäude der ehemaligen Plantage Bino diskutieren Mitglieder der Genossenschaft Kabbuhi-an.

für unser Land zu bezahlen und sprechen einander immer wieder Mut zu.«

Ben Ramos wirkt nachdenklich, als wir am Nachmittag unter einem Mangobaum zusammensitzen. »Die Regierung sagt immer wieder, über sieben Millionen Hektar Land seien im Rahmen der Landreform verteilt worden. Sie erwähnt aber nicht, dass 85 Prozent der begünstigten Kleinbauern ihre Tilgung nicht bezahlen können; dass viele deshalb schon Räumungsbescheide erhalten haben. Die Regierung sagt auch nicht, wie viele von der Landreform begünstigte Bauern notgedrungen ihr Land an einstige Großgrundbesitzer zurückverpachtet haben – weil ihnen niemand half, ihr neu erworbenes Land zu bewirtschaften und zu bewässern; weil niemand sie beriet, ihnen Kredite gewährte oder sie bei der Vermarktung ihrer Produkte unterstützte.«

Heute betreibt auf Negros, wie eh und je, der Aquino-Cojuangco-Clan zehntausende Hektar große Mango- und Zuckerrohrplantagen. »Eduardo Cojuangco und seine Verwandten verfügen einmal mehr über das Land wie über ihr Eigentum; dass es ihnen juristisch nicht gehört, ist für sie nur eine Formalie.«

Die Investoren kommen

Die Provinz Isabela im Norden der Insel Luzon erlebe ich, auf der Fahrt von der Hauptstadt Cauayan City in den Bezirk San Mariano, beinahe als Paradies: Reisfelder, an deren Rand Wasserbüffel grasen; Bambushaine, pittoreske Dörfer inmitten von Gemüsefeldern; sanfte Hügelketten. Die Böden Isabelas zählen zu den fruchtbarsten der Philippinen. Keine Provinz im Lande produziert mehr Reis; beim Maisanbau steht Isabela an zweiter Stelle.

Auch das Dorf Del Pilar, rund 400 Kilometer nördlich von Manila, ist ein idyllischer Flecken: liebevoll verzierte Häuschen inmitten von Kokospalmen und Bananenstauden; überall Blumen; gackernde Hühner, blökende Schafe; die Menschen sonntäglich gekleidet. Heute sieht man ihnen die Mühsal ihres Alltags nicht an – von dem auf der Terrasse ihres Häuschens die junge Fely Govita berichtet.

»Ab morgens früh um sieben stecke ich zehn Stunden lang Zuckerrohr-Setzlinge in den Boden. Wie ein *Carabao*, ein Wasserbüffel, schufte ich – für gerade hundert Pesos am Tag. Genauso viel verdient mein Mann, der zurzeit von morgens bis abends das Pestizid Atrazin versprüht. Mit einem Kanister auf dem Rücken läuft er durch die Felder – barfuß, ohne Handschuhe und Mundschutz. Die Firma hat den Arbeitern zwar solche Schutzausrüstung versprochen, sie aber nie geliefert.«

Die Firma – das ist das internationale Agrarunternehmen Green Future Innovations, das in Isabela seit 2008 eine 11.000 Hektar große Zuckerrohrplantage für die Produktion von Agrosprit aufbaut. Anteilseigner sind die japanische Itochu Corporation, die taiwanesische JGC-Group und die philippinische Eco-Fuel Land Development Inc. Die Verarbeitungsanlage in Sichtweite von Del Pilar ist fast fertig; sehr bald soll sie 50 Millionen Liter Bio-Ethanol jährlich liefern – vorwiegend für den Export.

In den 90er Jahren begannen die Philippinen, zunehmende Anteile ihrer Agrarprodukion auf den Weltmarkt auszurichten. Damals gewährte der Internationale Währungsfonds (IWF) auch diesem hoch verschuldeten Land weitere Kredite nur unter der Bedingung, dass es seine Wirtschaft liberalisierte, sich der internationalen Arbeitsteilung unterordnete und – zwecks Abzahlung der Kredite – die Produktion für den Export anheizte.

Ausländische Unternehmen, die Bananen, Ananas oder Kokosnüsse für den Weltmarkt produzieren, gibt es auf den Philippinen seit langem. Dramatisch zu wachsen jedoch begannen ausländische Agrarinvestitionen erst, als ab 2007 die weltweite Nachfrage nach Rohstoffen für Nahrungsmittel und Agrosprit rapide anzog. Die Produktivität der, von der Regierung eher stiefmütterlich behandelten, philippinischen Landwirtschaft sei, im asiatischen Vergleich, ziemlich gering – konnten die Investoren argumentieren. Den Kleinbauern fehle es an vielerlei Voraussetzungen; für viele Großgrundbesitzer sei ihr Land eher Statussymbol als

Produktionsmittel. Da seien renditeorientierte ausländische Investoren von ganz anderem Kaliber.

Eine solche Argumentation fiel bei der devisenhungrigen Regierung auf fruchtbaren Boden – obwohl, rein rechtlich, die Voraussetzungen für ausländische Agrarinvestitionen nicht allzu gut sind: Ausländer dürfen kein Land kaufen, sondern nur pachten; sie dürfen an keinem Unternehmen mehr als 40 Prozent besitzen, erklärt mir Ben Ramos. Andererseits: »Mithilfe guter Kontakte in die Landbesitzer- wie Politikerszene und mithilfe kooperationsbereiter Behörden können auch Ausländer lukrative Pachtverträge mit einer Laufzeit von bis zu 75 Jahren an Land ziehen; dazu reichlich steuerliche Vergünstigungen.«

Werbung für ausländische Agrarinvestitionen betreibt vor allem das philippinische Landwirtschaftsministerium. Auf der Webseite des vom Ministerium 2007 gegründeten Philippine Agribusiness Development Cooperation Center (PADCC) findet der Interessent, sorgsam aufgelistet nach Provinzen und Landkreisen, Millionen Hektar angeblich investitionsbereiten Ackerlandes; Ackerland für den industriellen Anbau von Zuckerrohr, Reis und Kokosnüssen; von Ananas, Bananen und Jatropha; alles angeblich ungenutztes Land. Und Landwirtschaftsminister Proceso Alcala persönlich verpasst keine Gelegenheit, Investoren herzlich einzuladen. Sie seien ein Segen für die ländliche Bevölkerung, bescherten dieser Arbeitsplätze und Technologietransfer, Möglichkeiten, ihre Produkte weiter zu verarbeiten, neue Märkte usw. Ähnlich investorenfreundlich geben sich die meisten Provinzverwaltungen.

Insgesamt wurden seit 2007 mindestens drei Millionen Hektar Land für ausländische Investoren identifiziert. Das entspricht fast einem Viertel der philippinischen Agrarfläche von 13 Millionen Hektar. Konkrete Deals werden hinter verschlossenen Türen ausgehandelt; viele Projekte werden erst nach langer Vorlaufzeit umgesetzt; etliche scheitern auch. Ein Beispiel: das Investitionsabkommen zwischen den Regierungen Chinas und der Philippinen von 2007. Chinesische Firmen sollten danach insgesamt 1,2 Millionen Hektar Land erhalten. Nach massiven Protesten aus der Bevölkerung musste Manila dieses Projekt auf Eis legen.

Gut im Geschäft sind derweil südkoreanische und arabische Investoren: 2011 schloss Manila mit Seoul einen Rahmenvertrag über 100.000 Hektar Ackerland, dessen Details jetzt eine gemeinsame task force ausarbeitet. Ein *joint venture* zwischen der Hassan Group, dem größten Unternehmen Bahrains, und der philippinischen AMA Group kam 2010 zustande; es umfasst Agrarflächen von 10.000 Hektar und ein Investitionsvolumen von 250 Millionen Dollar; seit Anfang 2012 werden in einer ersten Projektphase Bananen und Reis auf Mindanao angebaut.

Ähnliche Projekte mit Investoren aus Kuwait, Oman und Katar sind in der Pipeline; die saudi-arabische Far Eastern Agricultural Investment Company hat den bislang größten philippinisch-arabischen Agrar-Deal an Land gezogen: Im Mai 2010 unterzeichneten die Saudis ein Abkommen mit dem philippinischen Nahrungsmittelkonzern AgriNurture über die gemeinsame Produktion von Ananas, Bananen, Reis und Mais auf 50.000 Hektar. Mit dabei ist auch der kanadische Getreidekonzern Cargill: über seinen in Singapur stationierten Hedge Fund Black River Capital Partners kaufte Cargill im Dezember 2011 28,11 Prozent der Firma AgriNurture.

Brandneu ist schließlich ein weiteres Großprojekt saudi-arabischer Investoren: Das Unternehmen Dar-Al-Maskukat Trading will 200.000 Hektar Land auf den Philippinen pachten, um jährlich 1,2 Millionen Tonnen Reis für den saudi-arabischen Markt zu produzieren. Höchst angetan schrieb Landwirtschaftsminister Alcala der Firma am 7. Mai 2012: »Wir teilen Ihre Begeisterung für dieses Projekt – dies insbesondere auch, weil eine solche Zusammenarbeit mit Sicherheit auch die Einkommen unserer Bauern verbessern und ihnen Gelegenheit geben wird, ihre Produktion sowie die Weiterverarbeitung ihrer Produkte zu modernisieren.«

Mit allen Tricks

Zurück ins Dorf Del Pilar in der Provinz Isabela, wo an diesem sonnigen Sonntag mein erster Eindruck lauschiger Idylle zusehends zerbröselt. Diony Yadao – ein älterer, abwägend und zugleich eindringlich sprechender Bauer – erzählt von jenem Taifun, der am 1. Oktober 2011 das Dorf verwüstete. Einige Bauern verloren ihre ganze Ernte; Diony erntete statt 40 nur zehn Zentner Reis.

Diony Yadao erzählt auch von Erlebnissen der Bauern mit Händlern aus der Stadt; wie sie sich breitschlagen ließen, den Anbau von weißem Mais für den menschlichen Verzehr aufzugeben – um stattdessen auf ihrem zwei bis drei Hektar großen Besitz gentechnisch veränderten Futtermais der Agrarchemie-Konzerne Monsanto und Syngenta auszusäen, der viel teuren Dünger und Pestizide braucht. Ich höre von Getreidehändlern, die – mithilfe der lokalen Verwaltung – besser zahlenden Konkurrenten den Zugang zu den Bauern versperren; von verschuldeten Bauern, die ihr Land verkaufen mussten; von beinahe geschlossenen Systemen kommerzieller Ausbeutung.

Kurz, die Bauern von Del Pilar hatten schon einige Erfahrung mit Geschäftsleuten, als 2008 die Firma Green Future Innovations auftauchte. »Die Firma«, sagt Diony, »fand in San Mariano praktisch kein freies Land vor, sondern setzte von vornherein darauf, die benötigten 11.000 Hektar der Bevölkerung hier irgendwie abzuknöpfen.« Agenten der Firma besuchten die Bauern und forderten sie auf, ihr Land zu verpachten – für den Anbau von Agrosprit-Zuckerrohr. Die Pacht sollte bei 20.000 Pesos jährlich pro Hektar liegen – was recht ordentlich gewesen wäre, weil man auch mit viel Arbeit und Chemie maximal 30.000 Pesos aus einem Hektar hier herausholen kann.

»Einige von uns unterschrieben den in Englisch abgefassten Vertrag«, berichtet der Bauer. »Andere zögerten und fragten einen Anwalt. Tatsächlich stellte sich heraus, dass die Firma uns über den Tisch ziehen wollte. Die Pacht pro Hektar sollte bei gerade 5.000 Pesos liegen; die Verträge hatten Laufzeiten von zehn bis 25 Jahren; die Firma reservierte sich das Recht, sämtliche Bäume, Schuppen und Gebäude von gepachtetem Land zu entfernen; sie durfte die Parzellen nach Belieben unterverpachten.«

Auch Versprechungen des Agrosprit-Unternehmens, den Bauern im Bezirk San Mariano gut bezahlte Arbeit zu geben, haben sich inzwischen

Abb. 50: Wie werden wir leben? – Der Vater dieser Kinder kämpft gegen die Zuckerrohr-Monokultur in der Provinz Isabela. Abb. 51: Idylle in Del Pilar – Sie ist bedroht durch die Landnahme agroindustrieller Investoren.

Abb. 52: Garanten der Ernährungssicherheit – Reisfelder auf fruchtbaren Böden und carabaos, Wasserbüffel. Abb. 53: Fast fertig – Diese Verarbeitungsanlage soll jährlich 50 Millionen Liter Bio-Ethanol aus Zuckerrohr liefern.

als substanzlos erwiesen. »260 Fachkräfte kamen von auswärts; für uns Bauern bleibt nur mühsame und schlecht bezahlte Plackerei auf den Zuckerrohrfeldern.«

Seit sich all dies herumgesprochen hat, sind nur noch wenige Bauern bereit, ihr Land der Firma Green Future Innovations zu überlassen. Über 1.000 Kleinbauern in San Mariano indes, schätzt Diony, haben ihr Land bereits preisgeben müssen: »Etliche hatten als Nutznießer der Landreform die Tilgung für ihr Land nicht bezahlt. Und ihr *barangay captain* (Dorfbürgermeister) drohte ihnen, sie würden ihr Land ganz verlieren, wenn sie es nicht der Firma verpachten.«

Damit nicht genug: Über korrupte *barangay captains* kommt die Firma auch an Flächen heran, die eigentlich als Wald geschützt sind – berichten mir mehrere Bewohner Del Pilars. Und: Green Future Innovations pflanze unbefugt Zuckerrohr auf Land, das den Agta, einer indigenen Volksgruppe, gehört. Die Agta besitzen hier traditionelle – und gesetzlich geschützte – Nutzungsrechte; nur mit ihrem vorherigen informierten Einverständnis dürfen Außenstehende das Land nutzen. Jetzt sehen sich die Ureinwohner der Vernichtung ihrer Existenzgrundlage ausgesetzt.

Die betroffene Bevölkerung des Bezirks San Mariano protestiert inzwischen verzweifelt gegen das Agrosprit-*land grabbing*. Diony und einige seiner Freunde haben sich an die Spitze des Protests gestellt und Organisationen der städtischen Zivilgesellschaft zu Hilfe gerufen. 2011 besuchte eine internationale *fact finding mission* die Region; inzwischen laufen landesweit Kampagnen gegen das *land grabbing* in der Provinz Isabela.

An diesem Sonntagnachmittag besteige ich schließlich mit Diony Yadao eine Anhöhe außerhalb des Dorfes Del Pilar. Der Bauer deutet auf Felder voller Zuckerrohrsetzlinge, die bis zur sich im Dunst abzeichnenden Hügelkette der Sierra Madre reichen. »3.000 Hektar hat sich die Firma bereits unter den Nagel gerissen«, sagt Diony bitter. 11.000 Hektar umfasst das Projekt das Unternehmen Green Future Innovations, das mir auf zugefaxte Fragen nie antwortete; auf 40.000 Hektar insgesamt soll in Isabela Zuckerrohr für Agrosprit angebaut werden. Allein Green Future

Innovations wird 6.000 Kubikmeter Wasser pro Tag verbrauchen, schätzen Experten – so viel wie alle Privathaushalte in San Mariano zusammen. »Die Firma verpestet unsere Gewässer mit Dünger und Pestiziden«, sagt Diony, als wir ins Dorf zurückkehren. »Mit jeder Abholzung eines Waldstücks wächst die Gefahr von Erdrutschen und Flutkatastrophen. Und sehen Sie den Bambuszaun dort? Dahinter kampieren zwei Dutzend Soldaten. Tag und Nacht patrouillieren sie durch die Zuckerrohrfelder. Mehrmals schon haben sie junge Frauen belästigt; und immer wieder sagt ihr Anführer, ich sei eine Gefahr für Frieden und Ordnung hier.«

Modell in der Sackgasse?

Agrosprit, Ananas und Bananen für den Export statt Reis für den lokalen Verbrauch – über diese strategische Ausrichtung der philippinischen Landwirtschaft habe ich an einem langen Abend in Kabankalan auch mit Ben Ramos diskutiert – und mit dem Landwirtschaftsexperten Vlady Rivera, der Partner des deutschen Hilfswerks MISEREOR auf den Philippinen berät. Bis Ende der 80er Jahre versorgten sich die Philippinen selbst mit Reis. Noch 1995 importierten sie nur 263.000 Tonnen, 1998 aber schon 2,1 Millionen Tonnen – Folge der Exportorientierung in der Landwirtschaft und des Reisimports zu Preisen, mit denen einheimische Kleinbauern nicht konkurrieren können. Heute sind die Philippinen der größte Reisimporteur der Welt; und viele Kleinbauern überleben nur, weil Mutter und Tochter in Dubai oder Oman arbeiten.

Die Regierung unter Präsident Benigno Aquino III. hat versprochen, die extrem auf ausländische Investitionen ausgerichtete Agrarstrategie der Vorgängerregierung unter Gloria Macapagal Arroyo zu korrigieren und die kleinbäuerliche Landwirtschaft stärker zu fördern. Inwieweit sich dies in konkretem Handeln der Regierung niederschlägt, bleibe abzuwarten, meint Ben Ramos.

Die Philippinen sind – noch – kein großer Agrospritexporteur; sie sind aber – mit 3,2 Millionen Tonnen jährlich – zum zweitgrößten Bananenexporteur der Welt avanciert. Weltkonzerne wie Dole Foods bewirtschaften auf Mindanao zehntausende Hektar; zum Teil – berichtet Vlady – mit Vertragsbauern, die auf eigenes Risiko arbeiten; zum Teil mit Arbeitern, deren Löhne mit denen von Zuckerrohr-Arbeitern vergleichbar sind.

Die Bananenmonokulturen auf Mindanao verbrauchen riesige Mengen Wasser, Dünger und Pestizide. Nur 40 Prozent der, regelmäßig aus Flugzeugen versprühten, Pestizide landen auf den Bananen, schätzt das philippinische Gesundheitsministerium; der Rest vergiftet Felder, Dörfer und Grundwasser von Kleinbauern. Nach zahlreichen Klagen über Hautreizungen, Erbrechen und rätselhafte Erkrankungen in der lokalen Bevölkerung verbot zwar das Umweltministerium 2007 die Pestizid-Sprüherei aus Flugzeugen; ein Gericht aber setzte das Verbot außer Kraft; seitdem ruht der Fall beim Obersten Gerichtshof.

Für Vlady Rivera verkörpert die von ausländischem Kapital kontrollierte, exportorientierte Plantagenwirtschaft auf den Philippinen einen, sozial wie ökologisch, verhängnisvollen Irrweg; und auch die so genannte »grüne Revolution« der 60er und 70er Jahre ist, aus seiner Sicht, in eine Sackgasse geraten: Ja, das seinerzeit eingeführte Hochertragsgetreide habe Millionen Menschen vor Hunger und Mangelernährung bewahrt; seit Ende der 80er Jahre jedoch wachse der Aufwand an Hybridsaatgut, Agrarchemikalien und künstlicher Bewässerung weit schneller als die Ernteerträge. Diese gingen teilweise sogar zurück, weil die Fruchtbarkeit der von Dünger und Pestiziden traktierten Böden gesunken sei; vielerorts seien die Böden versalzen.

»Rund 85 Prozent seiner Betriebsausgaben steckt ein konventionell arbeitender philippinischer Kleinbauer heute in Agrarchemikalien«, erklärt mir Vlady; der Düngerverbrauch im Lande habe sich zwischen 1961 und 2006 verzehnfacht; ähnlich sehe es bei den Pestiziden aus; der Ertrag an Reis und Mais jedoch habe sich nur verdoppelt bzw. verdreifacht.

Hinzu kommt auf der Soll-Seite der Agrarchemie-Bilanz die Belastung der Gewässer – der Flüsse und Seen sowie des küstennahen Meeres. Die Überdüngung mit Nitraten steigt; Blaualgen, die hochgiftige Cyanotoxine produzieren, wuchern; die Kinderstube vieler Fische in den Mangrovenwäldern der Inseln, zum Beispiel, ist bedroht.

Immer mehr philippinische Bauern gehen, angesichts all dessen, den Weg zurück – zu traditionellen Reissorten, die beinahe schon ausgerottet waren. Auf der Plantage Bino, zum Beispiel, ziehen die Bauern der Genossenschaft Kabbuhi-an auf einem Gemeinschaftsfeld 46 alte Reissorten heran. Beraten wurden sie dabei von Mitgliedsorganisationen des mit MISEREOR kooperierenden Bauernnetzwerks MASIPAG, unter ihnen PDG.

»Wir stehen heute vor der Herausforderung, dass unsere Böden, auf denen jahrhundertelang Zuckerrohr angebaut wurde, völlig übersäuert sind«, erklärt mir Elizabeth Cuenca. »Da haben wir mit sensiblem Hybridreis und Kunstdünger keine Chance. Stattdessen pflanzen wir jetzt – zunehmend organisch gedüngt – traditionelle Sorten, deren Eigenschaften wir sorgsam dokumentieren. Jeder Bauer entscheidet dann für sich, welche Sorte er auf welchem Boden einsetzt.« Sicher, die Zubereitung von Kompost und der weitgehende Verzicht auf Pestizide brächten einige Mühsal mit sich, räumt Elizabeth ein. »Aber würde es sich vom Ertrag her nicht lohnen, würden wir es nicht machen. Außerdem: Sollen wir unseren Kindern saure Böden vererben?«

Politischer Kampf gegen Windmühlen

Über dem Protestcamp auf der Mendiola-Straße im Zentrum Manilas haben sich die Regenwolken verzogen. Yvonne Ang singt mit ihren Freunden weiter Protestlieder; und weitere Prominenz ist eingetroffen: Luzviminda Ilagan, Kongressabgeordnete der Gabriela-Frauenpartei. Die zynische Landpolitik der philippinischen Regierung zerstöre Familien, ruft die elegant gekleidete Politikerin vom Podium. »Landlose Familien sehen sich gezwungen, ihre Frauen zu den Arabern zu schicken; unsere Familien und das soziale Gefüge auf dem Land zerbrechen deshalb; philippinische Hausangestellte werden in den Golfstaaten misshandelt und vergewaltigt.« Auch die Ernährungssicherheit der Philippinen sei in Gefahr, sagt

Abb. 54: Öko-Landbau: Auf diesem Feld kultiviert die Genossenschaft Kabbuhi-an 46 traditionelle Reissorten.

die Politikerin, »weil wir immer mehr Bananen, Reis und Zuckerrohr für das Ausland pflanzen – und immer weniger Reis für uns selbst.«

Luzviminda Ilagan zählt zu jener Handvoll Kongressabgeordneter, die vor dem Hohen Haus wie gegen Windmühlen kämpfen; die – begleitet vom Gelächter ihrer Kollegen – immer wieder revolutionäre Gesetzentwürfe einbringen: Ausländische Agrarinvestitionen müssten nach ihren Auswirkungen auf die nationale Ernährungssicherheit beurteilt werden, heißt es da; jeder Deal müsse öffentlich diskutiert, Transparenz zum obersten Gebot erhoben werden.

Manchmal, wenn Abgeordnete wie Luzviminda Ilagan oder Rafael Mariano ein sehr positives Echo in den Medien finden oder mal wieder viel demonstriert wird, gibt sich die Regierung kompromissbereit. Die Verträge über mehrere Millionen Hektar Ackerland, die Ex-Präsidentin

Gloria Macapagal Arroyo mit ausländischen Investoren geschlossen hat, würden überprüft, sagte im Herbst 2011 Landwirtschaftsminister Proceso Alcala. Tage später stand der nächste Deal in der Zeitung.

»In unserem Kongress sitzen zahllose korrupte Elemente, die das Ackerland der Philippinen an Ausländer verschachern wollen«, wettert Ilagan und lächelt angesichts rauschenden Beifalls aus der Runde der wie gebannt lauschenden Demonstranten. »Diese Elemente wollen einen *charter change*; sie wollen per Verfassungsänderung erlauben, dass Ausländer 100 Prozent an Unternehmen und Land besitzen dürfen. Ja, die Kongressmehrheit will den Großteil eures Ackerlandes an reiche Investoren verscherbeln.«

Erneuter Beifall und Kampfparolen ertönen; sie täuschen – hat mir Vlady Rivera erklärt – darüber hinweg, dass die Opposition auf den Philippinen völlig zersplittert ist. Sicher, Organisationen wie PDG organisieren Bauern; sie mobilisieren die Zivilgesellschaft und haben schon Protestmärsche mit tausenden Teilnehmern zustande gebracht. Inwieweit solche Märsche dann tatsächlich die Protestbewegung stärken, wird unterschiedlich beurteilt. Vlady selbst ermuntert Bauern auf Mindanao, sich zu organisieren – mit begrenztem Erfolg. Die meisten Bauern seien mit dem täglichen Kampf ums Überleben ausgelastet; sie seien kaum informiert.

Politik mit Waffen

Zugleich jedoch nähren die vielerorts miserablen Lebensbedingungen der Landbevölkerung seit Jahrzehnten einen bewaffneten Widerstand auf kleiner Flamme. Neben islamistischen Gruppierungen auf Mindanao operiert, vor allem auf Luzon und Negros, die kommunistische Neue Volksarmee (NPA). Mit ihren rund 5.000 Kämpfern bringt die NPA allerdings wenig mehr zustande als Nadelstiche gegen die gut ausgestattete und teils von US-Beratern ausgebildete Armee. Beobachter kritisieren überdies, dass die Gewalt der NPA und die Gegengewalt der Regierung zahlreiche Menschenleben kosten; die NPA liefere der Regierung immer neue Argumente für Repressionsmaßnahmen und die Erhöhung des Rüstungsetats.

In kaum einem Land, erfahre ich, gibt es so viele Bewaffnete in Uniform wie auf den Philippinen; in kaum einem anderen Land sind Menschenleben so wenig wert. Auf lokaler Ebene operieren, neben Polizei und Militär, zahlreiche paramilitärische Einheiten – wie die vom Militär ausgebildeten Citizens' Auxiliary Force Geographical Units (CAFGU). Auf das Konto solcher Truppen gehen viele der so genannten *extrajudicial killings*, außergerichtlicher Hinrichtungen: Meist von Motorrädern aus erschießen Attentäter Menschen, die im Verdacht stehen, kriminell zu sein, oder sich politisch Feinde gemacht haben. Die Zahl der außergerichtlichen Hinrichtungen, die – nach Erhebungen der Menschenrechtsorganisation Karapatan – zeitweise bei über 200 pro Jahr lag, ist zuletzt gesunken, aber es gibt sie nach wie vor:

Abb. 55: Kämpfer – Bauernführer Rafael Mariano thematisiert den Landraub im Kongress der Philippinen.

Am 25. Februar 2012 erschossen in der Provinz Camarines Norte auf Luzon Soldaten den Bauern Benjamin Mancera sowie seine sieben- und zehnjährigen Söhne; der Bauer hatte angeblich einem NPA-Kämpfer Unterschlupf gewährt. Am 5. März 2012 erschossen in der Provinz Bukidnon auf Mindanao paramilitärische Kräfte den Indigenen-Führer Jimmy Liguyon; er hatte den Widerstand gegen die Bergbauausbeutung von 53.000 Hektar im Stammesgebiet der Matigsalog-Volksgruppe mitorganisiert. Am 30. April 2012 erschossen auf Mindanao Unbekannte den Radiojournalisten Rommel Palma, am 8. Mai 2012 den Journalisten Nestor Libaton; er war Reporter einer kirchlichen Radiostation und Vater von vier Kindern.

Allzu oft nimmt die philippinische Öffentlichkeit *extrajudicial killings* und sogar Massaker kaum zur Kenntnis; manchmal aber mobilisieren willkürliche Tötungen einen extrem hartnäckigen Widerstand in der betroffenen Bevölkerung – wie auf der Hacienda Luisita in der Provinz Tarlac auf Luzon.

Auf der 4.900 Hektar großen Hacienda, die seit langem dem Aquino-Cojuangco-Clan gehörte, kämpften seit Ende der 80er Jahre gut 6.000 Landarbeiter für bessere Löhne und die Umsetzung der Landreform. Als sie, im Rahmen dieses Kampfes, Ende 2004 die Zufahrt zu einer Zuckermühle blockierten, zog Militär auf und erschoss am 16. November 2004 zwölf Menschen.

Das Massaker, das weltweit Empörung auslöste, stärkte den Widerstand entscheidend. Für weitere acht Jahre hielten die Arbeiter die Hacienda Luisita besetzt – trotz zeitweise massiven Drucks seitens staatlicher und privater Sicherheitskräfte. Am 24. April 2012 schließlich zahlte sich der Widerstand aus: Der Oberste Gerichtshof der Philippinen verfügte die Aufteilung der Hacienda an 6.296 Landarbeiterfamilien. Diese stehen jetzt vor der großen Herausforderung, Parzellen von weniger als 0,8 Hektar pro Familie zu einer tragfähigen Existenzgrundlage zu machen.

Abb. 56: Bewaffnete – Wo immer mächtige Filipinos auftreten, sind ihre Leibwächter nicht weit.

Tödliche Gefahr Bergbau

Philippinische Kleinbauern und ihr knappes Land, denke ich oft während meines Besuchs, sind von existentiellen Bedrohungen geradezu umzingelt: von einheimischen Großgrundbesitzern und ausländischen Agrarinvestoren; von Taifunen und Bewaffneten aller Art. Hinzu kommt in jüngster Zeit eine Bedrohung, die sich vielerorts als die schlimmste erweist: der Bergbau.

Die Philippinen zählen zu den Ländern mit den reichsten mineralischen Ressourcen weltweit. Sie besitzen die zweitgrößten Gold- und die drittgrößten Kupferreserven; sie sind Nummer fünf bei Nickel und Nummer sechs bei Chrom. All diese Ressourcen will die Regierung, angesichts wachsender Nachfrage, endlich ausbeuten – mithilfe, fast ausschließlich, ausländischer Investoren. Nach einem derzeit laufenden Fünf-Jahresplan soll sich der Bestand ausländischer Bergbauinvestitionen zwischen 2008 und 2013 von zwei auf 14 Milliarden Dollar versiebenfachen.

Die Bedingungen für ausländische Bergbauinvestoren hat die Regierung weit attraktiver als für andere Investoren gestaltet: Nach einem Gesetz von 1995 dürfen sie, ohne philippinische Partner, Bergwerke zu 100 Prozent besitzen; sie dürfen 100 Prozent der Gewinne exportieren; und mit der Konzession für ein Abbaugebiet erhalten die Unternehmen zugleich Vorrang bei der Nutzung von Wasser-, Land- und Waldressourcen dort. Bauern müssen, im nationalen Interesse, weichen; auch das eigentlich illegale Eindringen des Bergbaus in von indigenen Völkern genutzte Waldreservate wird, nach bisherigen Erfahrungen, regelmäßig geduldet.

In der Provinz Negros Occidental ist inzwischen fast ein Drittel des Landes als Bergbaugebiet ausgewiesen – hat mir Ben Ramos berichtet. »Es gibt bei uns viel Gold, Kupfer, Silber, Nickel und Molybdän. Leider jedoch liegt das Bergbaugebiet fast ausschließlich in den Bergen, wo unsere Wasserläufe entspringen und die Reste unserer Wälder wachsen.«

Als das auf Negros aktivste Bergbauunternehmen gilt die Philex Mining Corporation, eine in Hongkong registrierte Aktiengesellschaft mit vor allem britischen und asiatischen Anteilseignern. Derzeit, sagt Ben, explorieren Philex und andere Firmen auf Negros noch; da und dort entwickeln sie bereits Logistik und Infrastruktur; der Bergbau (ausschließlich Tagebau) in großem Stil dürfte bald beginnen – mit wahrscheinlich schlimmen Auswirkungen auf die Umwelt:

»Bergbau auf den taifun- und erdbebengefährdeten Vulkaninseln der Philippinen ist ein Spiel mit dem Feuer«, hat mir bei einer Recherche vor einigen Jahren die philippinische Umweltwissenschaftlerin Prof. Emelina Regis gesagt und einen verhängnisvollen Mechanismus erklärt: »In unseren Bergen schützt zumeist nur eine dünne Schicht Kalkstein oder Erdreich den Untergrund. Wird diese Schicht weggerissen, tritt extrem pyrithaltiges Vulkangestein zutage. Pyrit, Eisensulfid, jedoch reagiert mit Wasser und Sauerstoff zu Schwefelsäure. Die Säure wiederum mobilisiert im Gestein gebundene giftige Schwermetalle wie Cadmium, Chrom, Arsen und Blei. Auf unabsehbare Zeit und unkontrollierbar fließen fortan bei jedem Regen hochgiftige Ströme saurer Bergbauwässer zu Tale; sie verseuchen Felder, Flüsse und das Meer.«

Davon abgesehen sind schon häufig Dämme von Abraumhalden philippinischer Bergwerke gebrochen; Millionen Tonnen giftiger Schlämme haben immer wieder hunderte Hektar Ackerland bedeckt, das auf unabsehbare Zeit zur Wüste wurde. »Die Dämme und der lockere Untergrund auf unseren Inseln halten dem Druck des Abraums und der Gewalt der Taifune einfach nicht stand«, hat mir Professor Regis erklärt. Zehntausende Kleinbauern auf Negros sehen jetzt mit Bangen dem Bergbau der Philex Mining Corporation entgegen.

Abb. 57: Katastrophe – Der Untergrund in den Bergen der Philippinen ist extrem anfällig für Erdrutsche und daher ungeeignet für den Bergbau.

Äthiopien
Wer profitiert?

Eine in Zacken verlaufende, sechs Meter breite und zwei Meter tiefe Erosionsrinne hat der Regen der letzten Wochen in den Hang gegraben und viel rote Erde mit sich gerissen. »Jetzt schrägen wir, um das Land wieder nutzbar zu machen, die Kanten der Rinne ab«, sagt mir schweißgebadet der Bauer Amare Bachy und deutet bergaufwärts. »Mit dem Holzpflug, den meine Ochsen ziehen, habe ich dies Jahr auch diesen steilen Hang gepflügt. Früher haben dort meine Ziegen geweidet. Aber jetzt, mit sechs Kindern, muss ich schauen, dass ich wirklich alles Land bebaue. An einigen Stellen habe ich auch Terrassen angelegt. Aber die zertrampelt das Vieh immer wieder.«

Der kleine Hof Amare Bachys liegt außerhalb des Städtchens Dagam im Norden der äthiopischen Region Amhara. Die Hänge dieser 2.500 Meter hoch gelegenen Bergregion waren dicht bewaldet zurzeit seines Großvaters, erzählt Bachy. Heute gibt es hier, bis auf Eukalyptushaine da und dort, keine Bäume mehr; die erst abgeholzten und dann überweideten Berge bluten aus Wunden, die die Erosion geschlagen hat. Solche Wunden versuchen Bauern wie Amare mühsam zu heilen.

Als es zu regnen beginnt, unterbricht der Bauer seine Arbeit; er macht Mittag in der mit Gras bedeckten Lehmhütte der Familie. Dort lupft Bäuerin Melanke Babeb den Deckel eines Tontopfes und zieht *Injera*-Fladen aus dem Topf – Fladen eines grauen, stets feuchten und säuerlich schmeckenden Brotes, das in diesem Gefäß vier, fünf Tage frisch bleibt. Injera, in das die Äthiopier Beilagen wie Kohl und manchmal Fleisch wickeln, ist das Grundnahrungsmittel hier.

»Ich bereite mein Injera aus Gerste und etwas *Teff*, das mir ein Händler aus Dagam bringt«, erklärt die Bäuerin. » Bisher war, Gott sei Dank, der Topf fast immer so gefüllt, dass alle in meiner Familie satt wurden. An neue Kleider aber und Schulbücher für die Kinder brauche ich gar nicht zu denken. Schauen Sie sich meine *Kuta*, mein Gewand, an. Wenn die mir irgendwann vom Leib fällt, muss ich mir eine gebrauchte kaufen, die ich dann umarbeite.« Melankes größte Sorge aber ist: Was wird aus den Kindern? »Mein ältester Sohn arbeitet in der Stadt als Tagelöhner. Nächstes Jahr will er heiraten und dann als Bauer arbeiten. Sehr bald werden wir also unser Land, weniger als einen Hektar, mit ihm teilen müssen.«

Mit Holzpflug und Ochsen

Äthiopien. Immer wieder lesen wir Berichte über bittere Armut, Dürre und chronischen Hunger in diesem Land am Horn Afrikas. Auch 2012 sind rund zehn Prozent der Bevölkerung mangelernährt; Äthiopien ist

Abb. 58: »Mama, ich habe Hunger.« – Viele Äthiopier leben in kargen Gebirgslandschaften.

der größte Empfänger von Nahrungsmittelhilfe weltweit; die internationale Gemeinschaft muss auf Dauer den acht Millionen ärmsten Äthiopiern das Überleben sichern – mit einer Art Sozialhilfe, für die die Menschen, zum Teil, arbeiten. Die Bevölkerung von inzwischen 87 Millionen wächst derweil Jahr für Jahr um drei Prozent.

80 Prozent der Äthiopier leben im klimatisch gemäßigten Hochland; und von diesen ernähren sich wiederum 80 Prozent als Kleinbauern. In keinem anderen Land weltweit lebt ein geringerer Anteil der Bevölkerung in Städten. Die Landwirtschaft ist der bei weitem wichtigste Wirtschaftssektor Äthiopiens; sie erwirtschaftet 45 Prozent des Sozialprodukts und 90 Prozent der Exporte. Die Bauern des Hochlands halten Ziegen, Schafe und – oft als bloßes Statussymbol – Rinder; sie bauen vorwiegend Gerste, Weizen Teff, Mais und Kartoffeln an – zum größten Teil für den Eigenbedarf; insbesondere Kaffee, Lederprodukte und das Rauschmittel Khat werden vermarktet und exportiert.

Die Produktivität der äthiopischen Landwirtschaft ist extrem gering. Das Vieh ist in der Regel nicht geimpft; viele Bauern bestellen weniger als einen Hektar steinigen Ackerlands in steiler Hanglage – mit, heute wie vor tausend Jahren, Holzpflug und Ochsen; geplagt mal von jahrelanger Dürre, mal von sintflutartigem Regen.

»Den Bauern im Hochland, deren Böden sich zurzeit ständig verschlechtern, könnte es viel, viel besser gehen«, erklärt mir in Addis Abeba Mafa Chipeta, bis vor kurzem Chef der Welternährungsorganisation FAO in Ostafrika. Momentan liefern Flächen im Hochland an Teff eine Tonne pro Hektar, an Weizen zwischen 1,1 und 1,5 Tonnen, an Mais zwischen 1,5 und 2,2 Tonnen. »Diese Produktivität ließe sich verdreifachen; dazu müsste die Regierung den Bauern zu subventionierten Preisen Saatgut und Dünger bereitstellen; sie müsste sie agrartechnisch beraten und ihnen Zugang zu Märkten verschaffen, wo sie ihre Produkte verkaufen können.« Chipeta verweist auf sein Heimatland Malawi, das früher, wie Äthiopien, am Tropf internationaler Nahrungsmittelhilfe hing, sich heute aber selbst ernährt – weil die Regierung Malawis Bauern großzügig mit Dünger und Saatgut versorgt.

Äthiopiens Hochland jedoch ist nicht Malawi. Die Zahl qualifizierter Agrarberater reicht bei weitem nicht für die mehr als zehn Millionen Bauern; und 70 Prozent der Bauern leben mehr als fünf Kilometer entfernt von der nächsten Straße. Wie sollen Dünger, Saatgut und Beratung zu ihnen gelangen, wie ihre Produkte zum nächsten Markt? Wie sollen die Bauern nötige Investitionen finanzieren, wenn sie ihr Land nicht beleihen können, weil alles Land dem Staat gehört?

Seit der großen Hungersnot von 1984, als eine Million Menschen starben, versuchen Äthiopiens Regierungen, die Ernährungssicherheit im Lande zu verbessern – mit unterschiedlichen Mitteln. Das zwischen 1974 und 1991 regierende sozialistische Derg-Regime siedelte zwangsweise Hochlandbauern ins Tiefland um – ohne Erfolg. Die seit 1991 amtierende EPRDF-Regierung förderte fast 20 Jahre lang die Landwirtschaft vor allem im Hochland – wiederum, gemäß äthiopischer Tradi-

Abb. 59: Holzpflug und Ochsen – Viele Äthiopier treiben heute noch Ackerbau wie vor tausend Jahren.

tion, staatsdirigistisch: Vielerlei großangelegte Pläne und Kampagnen wurden zentralistisch, fachlich oft unzulänglich und bisweilen in offenem Konflikt mit Entwicklungshilfegebern konzipiert; Schwerpunkte wie die Förderung der Hochgebirgslandwirtschaft in Tigray während der 80er Jahre wurden nach zweifelhaften Kriterien gesetzt; die Eigeninitiative der Bauern und die Marktkräfte wurden kaum gestärkt; die Erfolge blieben entsprechend bescheiden.

Der aktuelle Fünf-Jahres-Plan sieht eine Verdoppelung der Getreideproduktion im Hochland bis 2015 vor – und eine Vervierfachung der Milch- wie Fleischproduktion. Um diesen Plan zu erfüllen, sollen die Bauern Dünger und Saatgut bekommen; Pflanzenschutzmittel und Impfstoffe für ihr Vieh. Und als ein Resultat des gewaltigen Agrarwachstums soll die Zahl der international alimentierten Äthiopier drastisch sinken – von derzeit acht Millionen auf 2015 nur noch 1,3 Millionen.

In der Realität hat sich – als eine Voraussetzung substantiellen landwirtschaftlichen Wachstums – die Infrastruktur im Lande (Straßen, Stromversorgung) auf niedrigem Niveau durchaus verbessert, desgleichen die landwirtschaftliche Beratung. Die Regierung bemüht sich auch um die Wiederaufforstung abgeholzter Berghänge. Die Fortschritte und Investitionen in diesen Bereichen jedoch reichen nicht, um den geplanten agrarischen *take off* auch nur ansatzweise zu ermöglichen.

Als ein Grundübel betrachten Experten in diesem Zusammenhang, dass die Regierung sehr viel ihres knappen Geldes in Großprojekte von zweifelhaftem Nutzen investiert: in eine pompöse Provinzhauptstadt mitten in der Wüste statt in die Verbesserung lokaler Infrastruktur, in gewaltige Universitätsgebäude in der Provinz statt in die inhaltliche Verbesserung des Bildungswesens; in ein gigantisches Programm ökologisch problematischer Staudämme, deren wirtschaftlicher Nutzen (jenseits begrenzter Ersparnis an Ölimporten) sich erst noch erweisen muss.

Hinzu kommt: Die internationale Not- und Entwicklungshilfe hat in den letzten Jahren viele Milliarden Euro vor allem in die Hochland-Landwirtschaft Äthiopiens investiert – weil die meisten Äthiopier nun mal hier leben. Die internationale Gemeinschaft hat zehntausende Kilometer Terrassen an Steilhängen und die Sanierung zahlloser *gullys*, Erosionsrinnen, finanziert; sie hat kleinste Bewässerungsprojekte im Hochgebirge ebenso bezahlt wie die Wiederaufforstung kahl geschlagener Hänge dort; Saatgut und Dünger hier, Bäuerinnen-Beratung dort.

Der Erfolg all dieser Hilfe jedoch ist erschreckend gering: Die Produktivität der Landwirtschaft ist kaum gestiegen, während sie sich in anderen Entwicklungsländern dramatisch erhöht hat; nur, weil die Bauern nun auch die letzten Flächen unter den Pflug nehmen, fällt die Produktion noch nicht hinter das Bevölkerungswachstum zurück. Aber die Qualität der Böden sinkt, infolge von Bodenerosion, weiter.

»Ich glaube nicht, dass die internationalen Bemühungen um die Hochlandlandwirtschaft Schritt halten können mit dem Wachstum des Problems«, meint denn auch Mafa Chipeta. »Äthiopien sollte unbedingt den Bevölkerungsdruck auf seine Hochlandböden reduzieren und Bauern ermutigen, in weniger besiedelten Regionen zu produzieren. Außerdem glaube ich nicht, dass Äthiopien den Löwenanteil seines Agrarbudgets in Land investieren sollte, dass schon degradiert ist.«

Die Erschliessung des fernen Tieflands

Auf den ersten Blick scheint die Lösung des Problems auf der Hand zu liegen – ein Umzug von Millionen Hochlandbauern in fruchtbarere und dünn besiedelte Regionen Äthiopiens, die es in großer Menge gibt: Millionen Hektar fruchtbaren Gras- und Waldlandes im Tiefland – genutzt bis heute nur von wilden Tieren und, großenteils halbnomadisch lebenden, ethnischen Minderheiten.

Tatsächlich sind bis heute alle Versuche, äthiopischer Regierungen, Hochlandbauern ins schwül-heiße Tiefland umzusiedeln, dramatisch gescheitert und haben viel menschliches Leid verursacht. Unter den vom Derg-Regime Zwangsumgesiedelten starben Tausende an Malaria; es kam zu Konflikten mit der lokalen Bevölkerung; fast alle Umgesiedelten zogen so rasch wie möglich zurück ins Hochland.

Abb. 60: Terrassen – Die Befestigung steiler Hochland-Berghänge (wie hier in Tigray) bremst zwar die Erosion; wirtschaftlich jedoch lohnt sich der Aufwand kaum.

Seit 2002 versuchen nun die EPRDF-Regierung und internationale Hilfsorganisationen, junge Hochlandbauern ins Tiefland umzusiedeln, bieten ihnen ein bis zwei Hektar Land an und allerlei Hilfe beim Existenzaufbau. Nach wie vor jedoch sind nur wenige Hochlandbewohner bereit, ins Tiefland umzuziehen. Gerade 500.000 waren es in den vergangenen zehn Jahren – während zugleich die Hochlandbevölkerung um zwölf Millionen Menschen wuchs.

Trotzdem will die Regierung das Tiefland nun unbedingt landwirtschaftlich erschließen. »Äthiopien verfügt über gigantische 74,5 Millionen Hektar Land, die für den Ackerbau geeignet sind«, sagt mir Demese Chanyalew, Agrarberater der Regierung. »Davon jedoch nutzen wir weniger als 20 Prozent – und die fast ausschließlich im Hochland. Mit einer effizient organisierten Landwirtschaft im Tiefland aber könnten wir halb Afrika ernähren und Milliarden Euro an Devisen einnehmen.« Die Land-

Abb. 61 und 62: Dominanz – Äthiopisch-orthodoxe Christen aus dem Hochland (die Kirchen gern auf Berggipfeln errichten) haben politisch das Sagen im Land; die Mehrheit im Tiefland gehört anderen Religionen wie dem Islam an.

wirtschaft im Tiefland soll – so Chanyalew – zum Motor wirtschaftlicher Entwicklung avancieren; sie soll Devisen erwirtschaften für den Ausbau der kaum entwickelten Industrie und die Modernisierung Äthiopiens.

Um das vor allem im Süden liegende Tiefland Äthiopiens endlich unter den Pflug zu bringen, beschreitet die Regierung seit einigen Jahren einen neuen Weg: Sie wirbt im In- und Ausland um Agrarinvestitionen – in großem Stil. Ein Agriculture Investment Support Directorate bietet Investoren insgesamt vier Millionen Hektar Pachtflächen an – vor allem in Tieflandregionen wie Benishangul im Westen, Gambella im Südwesten und dem unteren Omo-Tal im Süden; zum geringen Teil auch im Hochland. Die Verträge laufen über 25-45 Jahre; die Einfuhr von Investitionsgütern ist zollfrei; bis zu 70 Prozent des benötigten Kapitals kann sich der Investor zu günstigen Zinsen bei der Äthiopischen Entwicklungsbank leihen; exportiert er mindestens 50 Prozent seiner Produkte, braucht er für zwei bis sieben Jahre keine Einkommensteuer zu zahlen.

Davon abgesehen liegt der Pachtzins extrem niedrig: Einheimische Investoren, denen die Regierung Vorrang einräumt, zahlen pro Hektar zwei bis acht US-Dollar jährlich; Ausländer 26-42 US-Dollar. Zum Vergleich: Im übrigen Afrika liegt der Pachtzins – nach Erhebungen des renommierten kalifornischen Oakland Institute – bei 350-800 US-Dollar, in Südamerika bei 5.000 bis 6.000 US-Dollar. Kein Wunder, dass die Nachfrage groß ist. Bislang hat die Regierung – so das Oakland Institute – 3,6 Millionen Hektar vergeben; die Hälfte an einheimische Investoren, die meist kleinere Flächen pachten; die Hälfte an Ausländer, vor allem an Inder und Auslandsäthiopier.

Als größte Investoren gelten der äthiopisch-saudi-arabische Milliardär Mohammed Al Amoudi und der Inder Sai Ramakrishna Karuturi. Al Amoudi erschließt derzeit 10.000 Hektar am Alwero-Fluss in Gambella, um dort Basmati-Reis für den saudi-arabischen Markt anzubauen; angeblich will er dieses Investment auf 500.000 Hektar ausbauen und dann jährlich eine Million Tonnen Reis produzieren. Parallel baut der Milliardär eine 20.000 ha-Erdnuss-Plantage in Benishangul auf. Karuturi ist seit Jahren (wie auch etliche europäische Investoren) in der ökologisch höchst umstrittenen Rosenzucht im Hochland aktiv; in Gambella pachtete er zunächst 300.000 Hektar für den Anbau von Reis und Getreide; wenig später musste Karuturi diese Menge auf 100.000 Hektar reduzieren – weil er offenbar logistisch Probleme hat.

Damit ist der Inder keine Ausnahme. Der Aufbau einer Plantage im völlig unterentwickelten Tiefland Äthiopiens stellt jedes Unternehmen vor gewaltige Herausforderungen: Baumaterial, Traktoren und vielerlei Gerät, Dieselöl und Ersatzteile – fast alles muss von weit her herangeschafft werden; und später müssen hunderte Lastwagen die Produkte in die Städte oder zum nächsten Hafen transportieren. Der liegt in Dschibuti, 1.500 Kilometer entfernt vom Investitionsstandort Gambella.

Und so hatten 2011 – nach Auskunft der Regierung – erst gut 60 von 1.100 registrierten Investoren damit angefangen, ihr Land zu erschließen – etwa fünf Prozent des bis dahin vergebenen Landes. Um mehr Land zu erschließen, werden – so Experten – die Plantagenbetreiber und/oder die Regierung in die Infrastruktur, ins Straßen- und Stromnetz, investieren müssen. Die Infrastruktur wird sich, mit dem Wachstum der Agrarinvestitionen im Tiefland, also zwangsläufig verbessern.

Ungleich verteilter Nutzen

»Welchen weiteren Nutzen erhofft sich Äthiopien von Agrarinvestitionen?«, frage ich den ehemaligen FAO-Funktionär Mafa Chipeta. Die meisten Investoren, erklärt mir Chipeta, wollen Nahrungsmittel anbauen – Reis, Weizen und anderes Getreide; nur wenige Produkte wie Jatropha für Agrosprit. »Das hat den Vorteil, dass Nahrungsmittelhilfe für die Ärmsten Äthiopiens künftig im Lande selbst produziert wird; sie muss nicht mehr über tausende Kilometer aus den USA, Kanada oder Australien importiert werden.« Dies, obwohl die Regierung den Investoren gute Anreize gibt, ihre Produkte zu exportieren? »Darin sehe ich kein Problem. Jeder Unternehmer verkauft seine Produkte letztlich da, wo er – unter Berücksichtigung aller Kosten und Vergünstigungen – den höchsten Gewinn erzielt. Mohammed Al Amoudi, zum Beispiel, will nur den besten Reis exportieren und einen großen Teil in Äthiopien verkaufen. Das reduziert den Importbedarf.«

Kritisch sieht der Agrarexperte, dass im äthiopischen Tiefland hauptsächlich Großbetriebe mit tausenden oder gar zehntausenden Hektar Land entstehen sollen. »Von solchen Betrieben können die dort gleichfalls angesiedelten Kleinbauern mit weniger als zwei Hektar nichts lernen – weder beim Umgang mit Geräten, bei Bewässerung, Düngung und Schädlingsbekämpfung noch bei der Vermarktung von Produkten. Zwischen Riesenplantagen und Kleinstbetrieben klafft einfach – technologisch wie kulturell – eine zu tiefe Kluft.« Chipeta erinnert mich an die lange zurückliegende Landnahme europäischer Kolonialherren in Lateinamerika und Südafrika. Dort standen sich schließlich wenige Plantagenbesitzer und Millionen im Elend lebende Kleinstbauern hasserfüllt gegenüber.

Das Angebot an Arbeitsplätzen auf den geplanten Hightech-Plantagen im Tiefland dürfte sich in Grenzen halten. Einige Jobs aber entstehen. So hat die Firma Saudi Star Mohammed Al Amoudis angekündigt, demnächst 4.000 – 5.000 Arbeiter zu beschäftigen, und zahlt für äthiopische Verhältnisse ordentliche Löhne; der Inder Karuturi spricht sogar von 20.000-30.000 Arbeitsplätzen auf seinen künftigen Plantagen.

Was soziale Leistungen agrarischer Großinvestoren angeht, warnt Chipeta vor Illusionen. »Zum Bau von Schulen oder Gesundheitsstationen sind die Investoren vertraglich nicht verpflichtet. Sie werden solche Leistungen nur erbringen, wenn sie – im Gegenzug – von der Kooperation der Dorfgemeinschaften profitieren.«

Austrocknende Flusswälder, ein versalzender See

Welche ökologischen Auswirkungen haben die geplanten riesigen Plantagen in den betroffenen Regionen? – Nach belastbaren Antworten auf solche Fragen muss ich während meiner Recherche mühsam suchen: Erstens sind nur wenige Projekte bislang umgesetzt worden; zweitens regnet es während meines jüngsten Besuchs in Äthiopien derart, dass weite Teile des Tieflands überschwemmt und nicht zugänglich sind; drittens stoße ich bei all denen in Addis Abeba, die etwas wissen sollten, auf große Zurückhaltung, sich offen zu äußern.

Regierungsberater Demese Chanyalew sagt mir, all die fruchtbaren Ebenen im Tiefland seien ungenutzt und warteten nur auf Investoren, die sie veredeln. Die Zivilgesellschaft zeigt sich verängstigt – in einem Land, wo Journalisten und Oppositionelle, die den Mund aufmachen, schnell im Gefängnis landen. Beim Dachverband christlicher Hilfsorganisationen, zum Beispiel, will man überhaupt keine Stellung beziehen zu Agrarinvestitionen. Der gute Grund: Nach einem neuen Gesetz verlieren Organisationen, die über zehn Prozent ihres Geldes aus dem Ausland beziehen, ihre Registrierung, wenn sie sich zu sozialen und politischen Fragen äußern. Immerhin: Einige ausländische Experten, zum Beispiel des Oakland Institute, haben sich die Lage vor Ort angesehen und gelangen zu teils erschreckenden Voraussagen:

Die betroffenen Tieflandregionen liegen in Benishangul, in Gambella und sonstwo im südlichen Tiefland. Diese Gegenden sind zwar – mit vielerorts weniger als zehn Bewohnern pro Quadratkilometer – dünn besiedelt; aber sie sind keineswegs ungenutzt. Zahlreiche ethnische Minderheiten leben dort als halbnomadische Jäger, Sammler, Hirten und Wanderfeldbau betreibende Bauern.

Für ihre Plantagen dürften die Investoren zunächst riesige Flächen Buschlands und semi-ariden Waldes roden. Dieser Wald dient bislang, abgesehen von seiner Bedeutung für unser Klima, der lokalen Bevölkerung als Quelle für Früchte, Medizin, Brennholz und Baumaterial; er ist Jagdrevier und erfüllt auch kulturell-religiöse Funktionen.

Die Plantagen werden, des Weiteren, große Mengen Wasser benötigen. Produkte wie Kaffee, Ölsaaten und Hülsenfrüchte kommen zwar mit Regenwasser aus; Zuckerrohr, Reis und Baumwolle aber benötigen künstliche Bewässerung. Zwar verfügt Äthiopien mit seinem Dutzend großer Flüsse über immerhin 1.575 Kubikmeter nutzbaren Wassers pro Person und Jahr, und davon werden bislang gerade drei Prozent genutzt;

aber das Wasser ist an unterschiedlichen Orten zu unterschiedlichen Zeiten in sehr unterschiedlicher Menge verfügbar.

Agrarinvestoren dürfen dessen ungeachtet, wo auch immer, so viel Wasser verbrauchen, wie sie wollen. Mancherorts haben sie bereits begonnen, Wasser aus Feuchtgebieten in Reisfelder zu kanalisieren. Solche Feuchtgebiete jedoch sind wertvolle Biotope; sie helfen auf natürliche Weise, Flüsse zu regulieren, puffern Überflutungen ab und füllen Grundwasserleiter wieder auf.

Ein weiteres ökologisches Problem: Um Energie zu produzieren und auch, um Bewässerungswasser bereit zu stellen, hat Äthiopien in den letzten Jahren ein gewaltiges Programm zum Bau von Staudämmen aufgelegt; einige der Stauseen werden zu den größten der Welt zählen: Der 2013 in Betrieb gehende Gibe III-Damm mit seiner 240 Meter hohen Staumauer wird 1.870 Megawatt Strom pro Jahr produzieren, der voraussichtlich 2015 fertiggestellte Grand Ethiopian Renaissance Dam sogar 6.000 Megawatt.

Dieses Dammbauprogramm birgt ernste ökologische wie politische Konsequenzen, die die Regierung sehenden Auges in Kauf zu nehmen scheint: So wird der Grand Ethiopian Renaissance Dam im Blauen Nil Ägypten dauerhaft erhebliche Mengen Nilwassers vorenthalten – was die Spannungen zwischen Ägypten und Äthiopien weiter verschärfen dürfte.

Auch der Gibe III-Damm im Omo ist höchst umstritten. Die Regierung will aus dem Stausee 245.000 Hektar Zuckerrohrfelder bewässern, um so die Zuckerrohrproduktion Äthiopiens von 300.000 Tonnen 2009 auf 2,3 Millionen Tonnen 2015 zu erhöhen. Außerdem sollen auf gut 100.000 Hektar ausländische Investoren andere Feldfrüchte bewässern. Umweltschützer befürchten nun dramatische Auswirkungen auf das Ökosystem weiter unten am Omo, wenn der Fluss – was absehbar ist – zu einem Rinnsal verkümmern sollte.

Im unteren Omo-Tal, einem UNESCO-Welterbe, erstrecken sich einzigartige Flusswälder – das Zuhause von u. a. zahlreichen Elefanten, Rhinozerossen, Löwen und 300 Vogelarten. Gleichfalls ein UNESCO-Welterbe ist der äthiopisch-kenianische Turkana-See, in den der Omo

Abb. 63 und 64: Wasser – Immer wieder gibt es Dürren am Horn von Afrika. Äthiopien insgesamt aber ist ein wasserreiches Land. Der Blaue Nil (oben) entspringt hier; zahlreiche Flüsse durchziehen auch das Tiefland.

mündet. Dieser See versalzt, wegen zu geringer Zuflüsse, schon heute allmählich; sein Wasserspiegel sinkt. Der Verlust des Omo-Wassers wird unweigerlich sowohl dem See als auch dem unteren Omo-Tal schwerste Schäden zufügen und damit rund 500.000 hier lebenden Ureinwohnern (und ihren faszinierenden Kulturen) die Existenzgrundlage rauben. Beobachter prophezeien bereits gewaltsam ausgetragene Konflikte.

Ökologisch umstritten sind große Agrarinvestitionen auch in anderen Regionen des Südens – etwa in Gambella, wo sehr fruchtbare Böden und 3.000 Millimeter Regen im Jahr locken. Zehntausende Hektar für Investoren vorgesehenen Ackerlands liegen im Gambella-Nationalpark, wo hunderttausende Antilopen und Elefanten zwischen Äthiopien und dem Südsudan hin und her wandern. Die Investoren Karuturi und Al Amoudi haben bereits erste Sümpfe hier mit Kanälen durchzogen; erste Zäune schneiden den Tieren die Wanderwege ab.

Soziale Verwerfungen

Die im Tiefland siedelnden indigenen Volksgruppen besitzen – nach internationalen Konventionen und äthiopischem Gesetz – Besitzrechte am von ihnen genutzten Land. Sie können zwar im öffentlichen Interesse (etwa der nationalen Ernährungssicherheit) enteignet werden – dies aber nur nach sorgsamer Konsultation und gegen angemessene Entschädigung.

Beides findet im autoritär regierten Äthiopien so gut wie nicht statt. Vertreibungen in direktem Zusammenhang mit Agrarinvestitionen hat es zwar bislang – wie das Oakland Institute berichtet – nicht gegeben; aber etliche Weideflächen und von der lokalen Bevölkerung im Wanderfeldbau genutzte Flächen wurden bereits von Investoren okkupiert.

Zudem betreibt die Regierung im Tiefland ein großes Umsiedlungsprogramm: Verstreut lebende Nomaden werden – offiziell freiwillig – in Dörfern mit 400-500 Haushalten konzentriert. Dies Programm soll den Zugang der Menschen zu Schulen und Gesundheitsdiensten verbessern, sagen die Behörden; tatsächlich dient es wohl auch dem Zweck, eigensinnige Volksgruppen besser zu kontrollieren und Flächen für Agrarinvestoren frei zu machen.

Die Landnahme der Investoren und die offensichtliche Absicht der Regierung, aus bisweilen eigenwilligen Halbnomaden friedlich-sesshafte Bauern und Plantagenarbeiter zu machen, berührt die betroffenen Volksgruppen zentral in ihren wirtschaftlichen Interessen und Rechten sowie in ihrer kulturellen Identität – was erfahrungsgemäß zu Konflikten führt. Diese werden wohl noch verschärft durch den Zuzug kulturell fremder Landarbeiter aus dem Hochland; Streit um natürliche Ressourcen wie Land und Wasser, Prostitution und andere soziale Probleme drohen.

Für das Wohl des ganzen Landes müssten Minderheiten bisweilen Opfer bringen, sagt mir achselzuckend Regierungsberater Demese Chanyalew. Derlei geschehe auch in Deutschland, wenn ein neuer Flughafen gebaut werde. Der frühere FAO-Experte Mafa Chipeta warnt davor, die bisherige Lebenssituation der Halbnomaden im Tiefland zu idealisieren; diese seien allzu oft – infolge Dürren oder Flut – Hungersnöten ausgesetzt; ihre Kinder gingen bislang oft nicht zur Schule, die Kranken fänden keinen Arzt. Agrarinvestitionen, meint Chipeta, könnten eine soziale Infrastruktur nach sich ziehen, die diesen Menschen mehr Ernährungssicherheit gebe und ihnen neue Lebensperspektiven eröffne.

Dies scheinen Teile der betroffenen Bevölkerung ähnlich zu sehen. So stellte der Bonner Agrarökonom Philipp Baumgartner bei der Feldforschung für seine Dissertation fest, dass ein Teil der von einem Al Amoudi-Projekt in Gambella betroffenen Bevölkerung dem Projekt zunächst positiv gegenüber stand. Andererseits: Was sagt eine Meinungsumfrage in einer Region, wo auch Soldaten durch die Dörfer ziehen, die Menschen dort nach ihrer Position zu Agrarinvestitionen befragen und kritische Äußerungen mit Prügel vergelten? Davon abgesehen deuten erste dramatische Ereignisse in Gambella, wo die als kriegerisch bekannten Anuak und Nuer siedeln, weniger auf Harmonie als auf Spannungen hin: Am 12. März 2012 holten Unbekannte 19 Schüler aus einem Bus und töteten sie; Ende April erschossen Unbekannte auf einer Plantage Mohammed Al Amoudis fünf aus dem Hochland stammende Arbeiter.

Zerstörte Spiritualität

Wie könnte, vor diesem Hintergrund, Äthiopiens Agrarstrategie aussehen? – Einerseits lässt sich die Produktivität des Hochland-Ackerbaus kaum derart steigern, dass sich die Ernährungssicherheit für 87 Millionen Menschen entscheidend bessert. Äthiopien muss deshalb sein fruchtbares Tiefland intensiver nutzen. Dies scheint nur mit privaten Investoren möglich, die erst ab einer gewissen Betriebsgröße Gewinn machen. Andererseits verkörpern die (potentiellen) Investitionsstandorte zumeist wertvolle und sensible Ökoregionen, die überdies seit Urzeiten von Menschen extensiv genutzt werden. Hier richten agrarische Großinvestitionen unweigerlich schwere Schäden an.

Ein Dilemma, so scheint es. Den richtigen Weg, möglichst viel Nutzen mit möglichst geringem Schaden zu verbinden, gibt es wohl nicht. Oder doch: Für jedes einzelne Projekt müsste ein Verfahren aus wissenschaftlichen Untersuchungen, Verhandlungen mit betroffenen Menschen und Investoren sowie transparenten Entscheidungsprozessen den »richtigen« Weg herausarbeiten. Das jedoch erscheint, ganz offensichtlich, Äthiopiens Regierung zu aufwendig. Sie hat entschieden – kategorisch, in großem Stil, wie es Tradition ist in diesem Land.

Etwas ratlos spreche ich an meinem letzten Tag in Äthiopien mit Million Belay. Er ist Leiter der Organisation Melca Mahiber, die Kultur und Umwelt kleiner äthiopischer Völker zu schützen versucht. Auch Belay berichtet über zunehmende Konflikte im Tiefland. Er berichtet von wandernden Antilopenherden, die angesichts der viele Kilometer langen Weidezäune nicht mehr wissen, wohin; von Elefanten, die – verschreckt von Traktorenlärm – ganze Dörfer niedertrampeln. Besonders gut kennt Million Belay das Volk der Shakicho, das in den Wäldern des Bezirks Sheka lebt, ganz im Südwesten Äthiopiens. »Diese Region ist ein grünes Paradies – voller Bäume mit weit ausladenden Wipfeln; voller Antilopen, Löwen und Leoparden. Und der für diese Region typische weiße Honig schmeckt einfach phantastisch. Für die Menschen dort sind übrigens viele Bäume heilig; ihre *Guddu*, *Deto* und *Checho* rühren sie nicht an.«

Mit Tränen in den Augen gerät Million Belay ins Schwärmen: »Der Wald von Sheka, sage ich Dir, ist unbeschreiblich schön. Wenn du die Augen schließt, versinkst Du im Gesang zahlloser Vögel. Ein wunderbarer Ort, wo die Menschen stets in Harmonie mit dem Wald gelebt haben.«

Der Umweltschützer stellt mich Kasahun Kakilo vor, einem jungen Shakicho, der in Addis Abeba studiert. Wie ein Gewitter, berichtet Kasahun, brach vor einigen Jahren das Unheil über sein Volk herein: Abgesandte einer großen Firma und der Regierung versammelten ein paar Stammesälteste, versprachen ihnen Straßen, Gesundheitsstationen, Arbeitsplätze und Schulen und ließen sie ein Papier unterschreiben. Ein paar Wochen später kamen Bulldozer, die den Wald der Shakicho niederrissen und den Boden bereiteten für eine tausend Hektar große Teeplantage.

Viele Shakicho flohen in die Stadt; wer blieb, konnte nur überleben, indem er sich als Teepflücker verdingte. »Die Menschen in meiner Heimatregion sind eigentlich nur noch Sklaven. Ihr Lohn liegt unter dem äthiopischen Durchschnittslohn für Landarbeiter. Mit dem Sammeln und dem Verkauf von Honig haben sie früher mehr verdient als heute mit der Arbeit auf der Teeplantage.«

Die Shakicho, ergänzt Million Belay, nutzten jahrhundertelang nachhaltig den Urwald ihrer Heimat; sie schützten so sensible Waldböden, Heilpflanzen und das Klima. Jetzt hätten sie alles verloren: ihre wichtigste Einnahmequelle, die Bienenstöcke; ihre traditionellen Versammlungsorte im Wald. »Dieser Verlust ihrer identitätsstiftenden Umwelt hat zugleich die Spiritualität der Shakicho zwestört«, erklärt mir Belay. »Streit um alles Mögliche beginnt unter den Menschen zu wuchern – weil keine heiligen Stätten mehr existieren, wo sie Konflikte beilegen können.

Die Worte Million Belays im Ohr, gehe ich durch die verregneten Straßen von Adis Abeba. Ein kleines Mädchen bittet mich schüchtern um eine Münze. Während ich sie herauskrame, packt mich für einen Moment blanker Zorn.

* * * * * * * * * *